Ferdinand Herzog von Braunschweig

Gesetz und Verordnungssammlung für die

herzoglich-braunschweigischen Lande

47ster Jahrgang 1860

Ferdinand Herzog von Braunschweig

Gesetz und Verordnungssammlung für die herzoglich-braunschweigischen Lande
47ster Jahrgang 1860

ISBN/EAN: 9783742875655

Hergestellt in Europa, USA, Kanada, Australien, Japan

Cover: Foto ©Suzi / pixelio.de

Manufactured and distributed by brebook publishing software
(www.brebook.com)

Ferdinand Herzog von Braunschweig

Gesetz und Verordnungssammlung für die

herzoglich-braunschweigischen Lande

Gesetz- und Verordnungs-Sammlung

für die

Herzoglich Braunschweigischen Lande.

47ster Jahrgang 1860.

Braunschweig.

Gedruckt in Herzoglicher Waisenhaus-Buchdruckerei.

Inhaltsverzeichniß

der

Geſetz= und Verordnungs=Sammlung

vom Jahre 1860.

~~~~~~~~

Alphabetisches Register

zur

Gesetz- und Verordnungs-Sammlung

vom Jahre 1860.

~~~~~~~~

Seite

H.

L.

Z.

~~~~~~~~

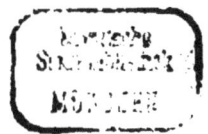

Gesetz- und Verordnungs-Sammlung.

№ 1.

Braunschweig, den 11. Januar 1860.

Privilegium für den Maschinenfabrikanten Albert Fesca in Berlin.
d. d. Braunschweig, den 16. December 1859.

Die Herzoglich Braunschweig-Lüneburgische Kreis-Direction zu Braunschweig

fügt hiemit zu wissen:

Demnach durch Rescript Herzoglichen Staats-Ministeriums vom 12. d. Mts., № 11,432, dem Maschinenfabrikanten Albert Fesca in Berlin auf einen von ihm erfundenen durch Zeichnung und Beschreibung näher nachgewiesenen Centrifugal-Apparat zur Gewinnung des Saftes aus dem Scheideschlamme der Zuckerrüben ein Patent für das hiesige Land auf die Dauer von fünf Jahren — ohne jedoch Jemanden in der Anwendung bereits bekannter Theile der Erfindung zu beschränken — gewährt worden ist, so wird darüber gegenwärtige Verleihungsurkunde ertheilt.

Zur Urkunde dessen ist dieses Privilegium mit dem Kreis-Directions-Siegel versehen und durch die beigefügte Unterschrift vollzogen.

So geschehen Braunschweig, den 16. Decbr. 1859.

(**L. S.**)   (gez.) **A. Culemann.**

Gesetz- und Verordnungs-Sammlung.
№ 2.

Braunschweig, den 11. Januar 1860.

Bekanntmachung, die Ernennung der Mitglieder der Herzoglichen Ministerial-Commission betreffend.
d. d. Braunschweig, den 31. December 1859.

Seine Hoheit der Herzog haben gnädigst geruhet, neben denjenigen Staatsdienern, welche von Amtswegen ordentliche oder außerordentliche Mitglieder der Herzogl. Ministerial-Commission sind, folgende ordentliche und außerordentliche Mitglieder für die verschiedenen Sectionen dieser Behörde zu ernennen:

1) für die Section der inneren Landesverwaltung und der Polizei:

zu ordentlichen Mitgliedern:

den Kreisdirector Eißfeldt,
den Kreisdirector Culemann,
den Obergerichtsrath Rhamm;

2) für die Section der Finanzen und Handelsangelegenheiten:

zu ordentlichen Mitgliedern:

den Finanzrath von Hantelmann,
den Cammerrath von Löhneysen,
den Cammerrath Krüger;

3) für die Section der Justiz:

zu ordentlichen Mitgliedern:

den Obergerichtspräsidenten **Breymann**,
den Oberstaatsanwalt **Schulz**,
den Obergerichts-Vicepräsidenten **Knittel**;

4) für die Section der geistlichen und Schulsachen:

zu ordentlichen Mitgliedern:

den Consistorialrath, Abt **Ernesti**,
den Professor **Dr. Krüger**,
den Generalsuperintendenten **Hessenmüller**;

zum außerordentlichen Mitgliede:

den Hof- und Domprediger **Dr. Thiele**;

5) für die Section der Militairsachen:

zu ordentlichen Mitgliedern:

den General-Lieutenant **von Erichsen**,
den Generalmajor und Generaladjutanten **von Bause**,
den Major **von Seckendorff**.

In Gemäßheit des §. 4 des Gesetzes vom 12. October 1832, die Organisation ꝛc. der Ministerial-Commission betreffend, werden diese Ernennungen hiedurch öffentlich bekannt gemacht.

Braunschweig, den 31. December 1859.

Herzoglich Braunschweig-Lüneburgisches Staatsministerium.

von Geyso. Langerfeldt. von Campe.

Gesetz- und Verordnungs-Sammlung.

№ 3.

Braunschweig, den 10. Februar 1860.

Bekanntmachung Herzogl. Kreis-Direction zu Helmstedt, die der Fehseschen Stiftung zu Uthmöden verliehenen Rechte milder Stiftungen betreffend.
d. d. Helmstedt, am 13. Januar 1860.

Mittelst Höchsten Rescripts vom 4. d. Mts., № 37, sind der Fehseschen Stiftung zu Uthmöden unter Bestätigung der für dieselbe entworfenen Statuten die Rechte milder Stiftungen verliehen worden.

Helmstedt, am 13. Januar 1860.

Herzoglich Braunschweig-Lüneburgische Kreis-Direction.

A. Cruse.

Gesetz- und Verordnungs-Sammlung.

№ 4.

Braunschweig, den 21. Februar 1860.

Privilegium für den Robert William Sievier aus London.
d. d. Braunschweig, den 7. Februar 1860.

Die Herzoglich Braunschweig-Lüneburgische Kreis-Direction Braunschweig

fügt hiemit zu wissen:

Demnach durch Rescript des Herzoglichen Staats-Ministeriums vom 3. d. Mts. № 1033 dem Robert William Sievier aus London auf ein von ihm erfundenes, durch Zeichnung und Beschreibung erläutertes, verbessertes Verfahren beim Schmelzen und Reinigen des Eisenerzes und anderer Erze ein Patent für das hiesige Land auf die Dauer von fünf Jahren — ohne jedoch Jemanden dadurch in der Anwendung bereits bekannter Theile des Verfahrens und überhaupt in der Anwendung desselben auf bestehende Hochöfen zu beschränken — und unter der ausdrücklichen Bedingung gewährt worden ist, daß das patentirte Verfahren binnen zwei Jahren im hiesigen Lande zur Ausführung gebracht werden wird, so wird darüber gegenwärtige Verleihungsurkunde ertheilt.

Zur Urkunde dessen ist dieses Privilegium mit dem Kreis-Directions-Siegel versehen und durch die daneben gesetzte Unterschrift vollzogen.

So geschehen Braunschweig, den 7. Februar 1860.

(L. S.)   (gez.) A. Culemann.

Gesetz- und Verordnungs-Sammlung.

№ 5.

Braunschweig, den 16. März 1860.

Bekanntmachung des Stadt-Magistrats zu Braunschweig, die der von Bielschen »Dotations-Stiftung« daselbst verliehenen Rechte milder Stiftungen betreffend.
d. d. Braunschweig, den 8. März 1860.

Mittelst Höchsten Rescripts vom 8. dieses Monats, № 2081, sind der von dem verstorbenen Geheimen-Justizrathe von Biel hieselbst gegründeten „Dotations-Stiftung" die Rechte milder Stiftungen gnädigst verliehen worden.

Braunschweig, den 8. März 1860.

Der Stadt-Magistrat daselbst.

H. Caspari.

Gesetz- und Verordnungs-Sammlung.

№ 6.

Braunschweig, den 30. März 1860.

Gesetz, das Fahren mit Hundefuhrwerk betreffend.
d. d. Braunschweig, den 20. März 1860.

Von Gottes Gnaden, Wir, Wilhelm, Herzog zu Braunschweig und Lüneburg ꝛc. ꝛc.

Wir erlassen nach angehörtem Rathe und Gutachten des Ausschusses der Landesversammlung zur Ergänzung des Polizei-Strafgesetzbuchs das nachfolgende Gesetz:

§. 1.

Den Führern solcher Fuhrwerke, welche von Hunden gezogen werden, ist verboten, sich während der Fahrt auf das Fuhrwerk zu setzen.

§. 2.

Dieselben sind verpflichtet, während der Fahrt dicht vor oder neben dem Fuhrwerke herzugehen und entweder dieses selbst an der Deichsel oder die angespannten Hunde an einem Riemen, einer Kette oder einer Leine zu halten.

§. 3.

Die Bestimmungen im Titel IX. des Polizei-Strafgesetzbuchs über Fuhrwerke finden mit folgender Abänderung, beziehungsweise Ergänzung auf Hundefuhrwerke Anwendung:

A. zu §. 257 I. 2. a. Das Hundefuhrwerk hat jedem ihm begegnenden Fuhrwerke anderer Art, es mag beladen sein oder nicht, ganz auszuweichen;

B. zu §. 258, №. 3. Mit Hundefuhrwerke darf innerhalb der Ortschaften, sowie beim Begegnen von Fuhrwerken anderer Art, oder von Reitern nicht schnell gefahren werden.

§. 4.

Uebertretungen der in den §§. 1 — 3 gegebenen Vorschriften sind mit Geldbuße von 7½ gr bis 3 ℳ zu strafen.

Alle, die es angeht, haben sich hiernach zu achten.

Urkundlich Unserer Unterschrift und beigedruckten Herzoglichen Geheime-Canzlei-Siegels.

Braunschweig, den 20. März 1860.

(*L. S.*)

Auf Höchsten Special-Befehl.

von Geyso.   Langerfeldt.   von Campe.

Gesetz= und Verordnungs=Sammlung.

№ 7.

Braunschweig, den 30. März 1860.

Gesetz, die Organisation der Gemeinde=Verwaltung in Heinrichshagen betr.
d. d. Braunschweig, den 23. März 1860.

Von Gottes Gnaden, Wir **Wilhelm**, Herzog zu Braunschweig und Lüneburg ꝛc. ꝛc.

erlassen mit Zustimmung des Ausschusses der Landesversammlung nachstehendes Gesetz:

§. 1.

Der Gemeinderath in Heinrichshagen besteht neben dem Gemeindevorsteher, aus drei Mitgliedern, von denen zwei, in gesonderten Wahlacten, durch die Hofsbesitzer (Kothsassen und Brinksitzer) und das dritte durch die übrigen wahlberechtigten Einwohner (Anbauer und Häuslinge) gewählt werden.

§. 2.

Alle zwei Jahre scheidet ein Mitglied aus. Die Reihefolge des Ausscheidens wird sowohl bei der ersten Wahl, als auch bei einer Neuwahl sämmtlicher Mitglieder durch das Loos bestimmt.

§. 3.

Der Vorsitzende hat den Gemeinderath zu berufen,

so oft das Bedürfniß es erfordert oder ein Mitglied darauf anträgt.

§. 4.

Zur Beschlußfaffung des Gemeinderathes ift die Anwesenheit von wenigftens drei Mitgliedern erforderlich. Im vollzählig verfammelten Gemeinderath entscheidet bei Stimmengleichheit die Stimme des Vorsitzenden.

§. 5.

Der Gemeindevorfteher wird aus zwei vom Gemeinderathe zu präsentirenden Candidaten von der Gesammtheit der Wahlberechtigten nach Vorschrift des §. 54 der Landgemeindeordnung gewählt.

§. 6.

Dieses Gesetz tritt am 1. Juli d. J. in Kraft und soll wegen der vorzunehmenden Wahlen im Verwaltungswege Verfügung erfolgen.

Alle die es angeht, haben sich hiernach zu achten.

Urkundlich Unserer Unterschrift und beigedruckten Herzogl. Geheime Canzlei-Siegels.

. Braunschweig, den 23. März 1860.

(*L. S.*)

Auf Höchften Special-Befehl.

von Geyso.   Langerfeldt.   von Campe.   .

Gesetz- und Verordnungs-Sammlung.

№ 8.

Braunschweig, den 30. März 1860.

Gesetz, die Organisation der Gemeinde-Verwaltung in
Steterburg mit Nortenhof und in der Clausthor-Gemeinde vor Goslar betreffend.
d. d. Braunschweig, den 23. März 1860.

Von Gottes Gnaden, Wir, Wilhelm, Herzog zu Braunschweig und Lüneburg rc.

erlassen mit Zustimmung des Ausschusses der Landes-Versammlung folgendes Gesetz:

A. die Gemeinde Steterburg mit Nortenhof
betreffend.

§. 1.

Die Gemeinden Steterburg und Nortenhof bilden
einen Gemeinde-Verwaltungsbezirk.

§. 2.

Der Gemeinderath besteht, neben dem Gemeindevorsteher, aus 4 Mitgliedern.

§. 3.

In den Gemeinderath werden gewählt:
ein Mitglied durch Herzogl. Cammer wegen des Stifts-
gutes Steterburg,
ein Mitglied durch das Stift,

ein Mitglied durch die Gesammtheit der übrigen Wahlberechtigten in Steterburg und
ein Mitglied durch die Gesammtheit der Wahlberechtigten zu Nortenhof, nach Anleitung der §.§. 27
und 28 der Landgemeindeordnung.

Das Stift ist, wie Herzogliche Cammer, befugt, sich
bei der Wahlhandlung durch einen Bevollmächtigten vertreten zu lassen.

Das vom Stifte zu wählende Gemeinderathsmitglied
braucht nicht in Steterburg wohnortsberechtigt zu sein,
noch auch die im §. 15, № 2, der Landgemeindeordnung erforderten Eigenschaften zu besitzen.

§. 4.

Alle zwei Jahre scheidet ein Mitglied aus. Bei
der ersten Wahl und bei einer Neuwahl sämmtlicher Mitglieder wird die Reihefolge des Ausscheidens durch das
Loos bestimmt.

§. 5.

Der Vorsitzende hat den Gemeinderath zu berufen
so oft das Bedürfniß es erfordert oder zwei Mitglieder
darauf antragen.

§. 6.

Es müssen wenigstens drei Mitglieder versammelt
sein, um einen Beschluß fassen zu können.

Bei Stimmengleichheit entscheidet die Stimme des
Vorsitzenden.

Betrifft der Gegenstand des Beschlusses die Bewilli-
gung von Ausgaben aus der Gemeindecasse, welche nicht
zu den gewöhnlichen gehören, so steht es der Herzoglichen
Cammer frei, auf die Entscheidung der Herzoglichen Kreis-
direction zu provociren, gegen welche der Recurs an Her-
zogliches Staats-Ministerium stattfindet.

§. 7.

Den Gemeinde-Vorsteher ernennt die Herzogl. Cammer. Die Wahl desselben bedarf der Bestätigung der Staatsbehörde, vor deren Ertheilung der Gemeinderath zu hören ist.

§. 8.

Sämmtliche Communallasten, mit Ausschluß der nach Vorschrift der in den §.§. 96 bis 100 der Landgemeindeordnung zu vertheilenden Kosten der Armenpflege werden von der Klostercasse getragen.

§. .9.

Das von den Wahlberechtigten in Nortenhof gewählte Gemeinderathsmitglied, wenn dasselbe nicht etwa schon auf Grund der Vorschriften der Landgemeindeordnung zum Gehülfen des Gemeinde-Vorstehers gewählt sein sollte, bekleidet zugleich für Nortenhof in lokalpolizeilichen Angelegenheiten das Amt eines Gemeinde-Vorsteher-Gehülfen.

B. Die Clausthor-Gemeinde vor Goslar betreffend.

§. 10.

In der Clausthor-Gemeinde vor Goslar sollen ein Vorsteher und dessen Gehülfe, als Gemeindebehörde, das ausschließliche Gemeindeorgan bilden.

§. 11.

Beide werden in gesonderten Wahlacten durch die Gesammtheit der Wahlberechtigten gewählt und ist dabei nach den in den §.§. 22 bis 29 der Landgemeindeordnung enthaltenen Vorschriften, soweit deren Anwendbarkeit nicht durch vorstehende Bestimmung ausgeschlossen wird, zu verfahren. Die erste Wahlhandlung ist von Herzogl. Kreisdirection Wolfenbüttel anzuordnen und zu leiten.

§. 12.

Reclamationen gegen die Liste der Wahlberechtigten sind bei Herzoglicher Kreisdirection zur Entscheidung vorzubringen. Ueber Reclamationen gegen das bei der ersten Wahlhandlung beobachtete Verfahren bleibt die Entscheidung Unserm Herzoglichen Staatsministerium vorbehalten.

§. 13.

Das Gesetz tritt am 1. Julius d. J. in Kraft.

Alle, die es angeht, haben sich hienach zu achten.

Urkundlich Unserer Unterschrift und beigedruckten Herzoglichen Geheime-Canzlei-Siegels.

Braunschweig, den 23. März 1860.

(*L. S.*)

Auf Höchsten Special-Befehl.

von Geyso.   Langerfeldt.   von Campe.

Gesetz- und Verordnungs-Sammlung.

№ 9.

Braunschweig, den 7. April 1860.

Privilegium für den Büchsenmacher Bebbies in Braunschweig.

d. d. Braunschweig, den 24. März 1860.

Die Herzoglich Braunschweig-Lüneburgische Kreis-Direction zu Braunschweig

fügt hiemit zu wissen:

Demnach mittelst Rescriptes des Herzoglichen Staats-Ministeriums vom 21. d. Mts., № 2703, dem Büchsenmacher Bebbies hieselbst auf die alleinige Anfertigung einer von ihm construirten, durch Zeichnung und Beschreibung nachgewiesenen, Zündnadel-Pistole ein Patent für das hiesige Land auf die Dauer von fünf Jahren — ohne jedoch dadurch Jemanden in der Anfertigung bereits bekannter Theile der Erfindung zu beschränken —

ertheilt worden ist, so wird demselben darüber gegenwärtige Verleihungsurkunde ertheilt.

Zur Urkunde dessen ist dieses Privilegium mit dem Kreis-Directions-Siegel versehen und durch die beigesetzte Unterschrift vollzogen.

So geschehen Braunschweig, den 24. März 1860.

(L. S.)　　　　(gez.) A. Culemann.

Gesetz- und Verordnungs-Sammlung.

№ 10.

Braunschweig, den 16. April 1860.

Verordnung, die Publication der zwischen den sämmtlichen Zollvereinsstaaten einerseits und Sardinien andererseits unterm 28. October 1859 geschlossenen Additional-Convention zu dem Handels- und Schifffahrts-Vertrage vom 23. Juni 1845 betreffend.

d. d. Braunschweig, den 1. April 1860.

Von Gottes Gnaden, Wir **Wilhelm**, Herzog zu Braunschweig und Lüneburg 2c. 2c.

Demnach Wir in Gemeinschaft mit den sämmtlichen Staaten des Zollvereins mit Sr. Majestät, dem Könige von Sardinien, eine zu Berlin am 28. October 1859 unterzeichnete Additional-Convention zu dem Handels- und Schifffahrts-Vertrage zwischen dem Zollvereine und Sardinien vom 23. Juni 1845 abgeschlossen haben, so wollen Wir diese Additional-Convention hiedurch zur allgemeinen Kenntniß bringen und haben sich Unsere Behörden und Alle, die es angeht, nach dem Inhalte derselben zu achten.

Urkundlich Unserer Unterschrift und beigedruckten Herzoglichen Geheime-Canzlei-Siegels.

Braunschweig, den 1. April 1860.

(*L. S.*)

Auf Höchsten Special-Befehl.

von Geyso.   Langerfeldt.   von Campe.

Ueberſetzung

der Additional = Convention vom 28. October 1859, zu
dem Handels= und Schifffahrts=Vertrage vom 23. Juni
1845 zwiſchen den Staaten des Deutſchen Zoll= und
Handels=Vereins einerſeits und Sardinien andererſeits.

Seine Königliche Hoheit der Regent, Prinz von Preußen,
im Namen Seiner Majeſtät des Königs von Preußen, ſowohl
für Sich und in Vertretung der Ihrem Zoll= und Steuer=Syſteme
angeſchloſſenen ſouveränen Länder und Landestheile, nämlich:
des Großherzogthums Luxemburg, der Großherzoglich Mecklen=
burgiſchen Enklaven Roſſow, Netzeband und Schönberg, des
Großherzoglich Oldenburgiſchen Fürſtenthums Birkenfeld, der
Herzogthümer Anhalt=Deſſau=Cöthen und Anhalt=Bernburg, der
Fürſtenthümer Waldeck und Pyrmont, des Fürſtenthums Lippe
und des Landgräflich Heſſiſchen Oberamtes Meiſenheim, als
auch im Namen der übrigen Mitglieder des Deutſchen Zoll=
und Handels=Vereines, nämlich: der Krone Bayern, der Krone
Sachſen, der Krone Hannover und der Krone Württemberg,
des Großherzogthums Baden, des Kurfürſtenthums Heſſen, des
Großherzogthums Heſſen, zugleich das Landgräflich Heſſiſche
Amt Homburg vertretend; der den Thüringiſchen Zoll= und
Handels=Verein bildenden Staaten — namentlich: des Groß=
herzogthums Sachſen, der Herzogthümer Sachſen=Meiningen,
Sachſen=Altenburg und Sachſen=Coburg und Gotha, der Für=
ſtenthümer Schwarzburg=Rudolſtadt und Schwarzburg=Sonders=
hauſen, Reuß älterer und Reuß jüngerer Linie — des Herzog=
thums Braunſchweig, des Herzogthums Oldenburg, des Her=
zogthums Naſſau und der freien Stadt Frankfurt einerſeits, und
Seine Majeſtät der König von Sardinien andererſeits,
von dem Wunſche beſeelt, die Handels=Beziehungen zwiſchen
den Staaten des Zollvereins und den Sardiniſchen Staaten
mehr und mehr auszudehnen und zu befördern, haben dieſe Be=
ziehungen durch eine Additionalconvention zu dem Handels=
und Schifffahrts=Vertrage vom 23. Juni 1845 und zu der am
20. Mai 1851 in Turin abgeſchloſſenen Additionalconvention
zu dem gedachten Vertrage befeſtigen wollen;
und haben zu Ihren Bevollmächtigten ernannt:
Seine Königliche Hoheit der Regent, Prinz von Preußen,

Convention additionelle du 28. octobre 1859

au traité de commerce et de navigation du 23. Juin 1845 entre les Etats de l'Association de douanes et de commerce Allemande d'une part et la Sardaigne d'autre part.

· Son Altesse Royale le Régent, Prince de Prusse, au nom de Sa. Majesté le Roi de Prusse, agissant tant en Son nom et pour les autres Pays et parties de Pays souverains compris dans Son système de douanes et d'impôts, savoir: le Grand-Duché de Luxembourg, les enclaves du Grand-Duché de Mecklembourg — Rossow, Netzeband et Schoenberg —, la Principauté de Birkenfeld du Grand-Duché d'Oldenbourg, les Duchés d'Anhalt-Dessau-Coethen et d'Anhalt-Bernbourg, le Principautés de Waldeck et Pyrmont, la Principauté de Lippe et le Grand-Baillage de Meisenheim du Landgraviat de Hesse, qu'au nom des autres Membres de l'Association de douanes et de commerce Allemande, savoir: la Couronne de Bavière, la Couronne de Saxe, la Couronne de Hannovre et la Couronne de Wurttemberg, le Grand-Duché de Bade, l'Electorat de Hesse, le Grand-Duché de Hesse, tant pour lui que pour le Baillage de Hombourg du Landgraviat de Hesse, les États formant l'Association de douanes et de commerce de Thuringe, savoir: le Grand-Duché de Saxe, les Duchés de Saxe-Meiningen, de Saxe-Altenbourg, de Saxe-Cobourg et Gotha, les Principautés de Schwarzbourg-Rudolstadt et Schwarzbourg-Sondershausen, de Reuss, ligne aînée, et de Reuss, ligne cadette; le Duché de Brunswick, le Duché d'Oldenbourg, le Duché de Nassau et la ville libre de Frankfort d'une part, et Sa. Majesté le Roi de Sardaigne d'autre part, désirant étendre de plus en plus et favoriser les relations commerciales entre les Etats du Zollverein et les Etats Sardes ont voulu les consolider par une convention additionnelle au traité de commerce et de navigation du 23. Juin 1845 et à la convention additionelle audit traité, conclue à Turin le 20. Mai 1851; ont nommé pour Leurs Plénipotentiaires;

Son Altesse Royale le Régent, Prince de Prusse:

den Freiherrn Alexander Gustav Adolph von Schleiniz, Allerhöchst Ihren Staats= und Minister der auswärtigen Angelegenheiten, Ritter des rothen Adler=Ordens 2. Klasse mit dem Stern, des Johanniterordens ꝛc. ꝛc.

Seine Majestät der König von Sardinien:
den Grafen Eduard von Launay, Allerhöchst Ihren außerordentlichen Gesandten und bevollmächtigten Minister am Preußischen Hofe, Commandeur des Geistlichen und Militairischen St. Mauritius= und St. Lazarus=Ordens, Ritter des Preußischen rothen Adlerordens ꝛc.,
und die beiden mit Vollmachten versehenen Bevollmächtigten haben die folgenden Artikel verabredet:

Artikel I.

Die Staaten des Zollvereins verpflichten sich, die gegenwärtig für Sardinische Seiden bei ihrem Eingang in die Vereinsstaaten bestehenden Zölle zu ermäßigen, und zwar:

a. für Zwirn aus roher Seide von 11 ₰ auf ½ ₰ vom Zentner;

b. für alle weißgemachte, ungefärbte Seide und Floretseide von 8 ₰ auf ½ ₰ vom Zentner;

c. für gefärbte, gezwirnte Seide und Floretseide, sowie für Garn aus Baumwolle und Seide, von 11 ₰ auf 8 ₰ vom Zentner.

Artikel II.

Sardinien verpflichtet sich, alle Sprite und Branntweine zollvereinsländischen Ursprungs beim Eingange in die Sardinischen Staaten zum folgenden Zollsatze zuzulassen:

in Fässern: { bei einer Stärke von mehr als 22 Grad, zu 10 Francs vom Hectolitre; bei einer Stärke von 22 Grad und darunter zu 5 Francs 50 C. vom Hectolitre;

in Flaschen: 10 Centimes von der Flasche von 1 Litre und darunter.

Zugleich leistet die Sardinische Regierung Gewähr dafür, daß den zollvereinsländischen Spriten und Branntweinen Seitens der Gemeindeverwaltungen in keinem Falle andere oder

le Sieur Alexandre Gustave Adolphe Baron de Schleinitz, Son Ministre d'Etat et des Affaires Etrangères,
Chevalier de l'ordre de l'aigle rouge de la deuxième
classe avec la plaque, Chevalier de l'ordre de St.
Jean de Jérusalem &c. &c. &c.

et

Sa. Majesté le Roi de Sardaigne:
le Sieur Edouard Comte de Launay, Son Envoyé Extraordinaire et Ministre Plénipotentiaire pris la Cour de
Prusse, Commandeur de Son ordre religieux et mili-
taire de St. Maurice et de St. Lazare, Chevalier de
l'ordre de l'aigle rouge de Prusse &c. &c. &c.

et les deux Plénipotentiaires, munis de pleins-pouvoirs, ont
arrêté les articles suivants.

Article I.

Les Etats du Zollverein s'engagent à reduire les droits
actuellement établis sur les soies Sardes à leur entrée dans
les Etats du Zollverein, savoir:

a. pour les soies écrues retorses de 11 écus à $\frac{1}{2}$ écu
le quintal;
b. pour toutes les soies décrusées, non teintes, y compris les bourres de soie filées, de 8 écus à $\frac{1}{2}$ écu
le quintal;
c. pour les soies teintes retorses, y compris les bourres
de soie retorses, de même que pour les fils retors,
mêlés de soie et de coton, de 11 écus à 8 écus le
quintal.

Article II.

La Sardaigne s'engage à admettre tous les spiritueux et
les eaux-de-vie de la production des Etats du Zollverein, à
leur entrée dans les Etats Sardes, au droit suivant:

en cercles . { supérieurs à 22 degrés, à dix francs par
hectolitre,
de 22 degrés et au dessous, à cinq francs
et 50 centimes;

en bouteilles: à dix centimes par bouteille qui ne dé-
passe pas le litre.

En même temps le Gouvernement Sarde garantit que dans
aucun cas les spiritueux et eaux-de-vie des Etats du Zollverein ne seront assujettis, par les administrations communales,

höhere Octroi oder Consumtionsabgaben auferlegt werden, als diejenigen, welche den Spriten und Branntweinen des Landes auferlegt werden.

Artikel III.

Die gegenwärtige Uebereinkunft soll am 1. Januar 1860 in Wirksamkeit treten; sie soll gleiche Kraft und Gültigkeit mit dem Vertrage vom 23. Juni 1845 und der Additionalconvention zu dem gedachten Vertrage haben, dessen Anhang sie fortan bildet.

Artikel IV.

Die gegenwärtige Uebereinkunft soll ratificirt und die Ratificationen sollen sobald als möglich in Berlin ausgewechselt werden.

Zu Urkund dessen haben die beiden Bevollmächtigten die gegenwärtige Uebereinkunft unterzeichnet und ihr die Siegel ihrer Wappen beigedrückt.

So geschehen in Berlin in doppeltem Original, den 28. October 1859.

(gez.) **Schleinitz.**   (gez.) **Launay.**

(**L. S.**)   (**L. S.**)

à des droits d'octroi ou de consommation autres ou plus élevés que ceux auxquels seront assujettis les spiritueux et eaux-devie du pays.

Article III.

La présente convention sera mise en vigueur le 1. Janvier 1860; elle aura la force et la valeur du traité du 23 Juin 1845 et de la convention additionnelle audit traité, dont elle formera l'annexe.

Article IV.

La présente convention sera ratifiée et les ratifications en seront échangées à Berlin dans le plus court délai.

En foi de quoi les deux Plénipotentiaires ont signé la présente convention et y ont apposé le sceau de leurs armes.

Fait en double original à Berlin le 28ième jour du mois d'octobre de l'an mil - huit - cent - cinquante - neuf.

(signé) Schleinitz.　　(signé) Launay.

(L. S.)　　　　　　(L. S.)

Gesetz- und Verordnungs-Sammlung.

№ 11.

Braunschweig, den 25. April 1860.

Plenar-Beschluß Herzoglichen Ober-Gerichtes, den Handel der Schneider mit selbst angefertigten Kleidungsstücken betreffend.

d. d. Wolfenbüttel, am 13. April 1860.

Nachdem der Herzogliche Cassationshof zwei Male entschieden hat:

daß den, hinsichtlich des Gewerbe-Betriebes bestehenden Einrichtungen zufolge der Handel mit selbst angefertigten Kleidungsstücken den durch Meisterbrief oder Gewerbeschein zur Betreibung ihres Gewerbes legitimirten Schneidern zwar ohne Lösung anderweiten Gewerbescheins zustehe, jedoch von besonderer Concession abhängig und, in Ermangelung geschehener Erwirkung einer solchen Concession, als unbefugter Gewerbe-Betrieb (Gesetz vom 4. April 1837, № 19, die Gewerbesteuer betreffend §. 50.) zu beurtheilen sei;

auch vom Herzoglichen Ober-Gerichte, auf vorgängiges Gutachten des Oberstaats-Anwaltes der Plenar-Beschluß:

daß jene Entscheidungen gleichmäßige, im Sinne des Gesetzes vom 5. Juli 1853, №. 38, seien, — gefaßt ist;

so wird dieser Beschluß mit Beziehung auf §. 3. des bemerkten Gesetzes hierdurch bekannt gemacht.

Wolfenbüttel, am 13. April 1860.

Herzogliches Ober=Gericht.

Breymann.

Geſetz- und Verordnungs-Sammlung.

№ 12.

Braunſchweig, den 17. Mai 1860.

Verordnung, die Publication des zwiſchen dem Königreiche Preußen, dem Königreiche Hannover und dem Herzogthume Braunſchweig abgeſchloſſenen Vertrages über die Regulirung der Aller und Ohre betr.
d. d. Braunſchweig, den 30. April 1860.

Von Gottes Gnaden, Wir **Wilhelm**, Herzog zu Braunſchweig und Lüneburg ꝛc. ꝛc.

Demnach Wir mit den Regierungen von Preußen und Hannover den nachſtehenden Vertrag über Regulirung der Aller und Ohre abgeſchloſſen haben:

Nachdem Königlich Preußiſcher und Königlich Hannoverſcher, ſowie Herzoglich Braunſchweigiſcher Seits es für angemeſſen erachtet worden, ſich über die Regulirung der Aller und Ohre zu vereinigen, ſo ſind die mit der desfallſigen Verhandlung beauftragten Commiſſarien, als:

I. Königlich Preußiſcher Seits:
1) der Regierungsrath Roloff aus Stendal,
2) der Regierungs- und Baurath Wurffbain aus Erfurt;

II. Königlich Hannoverſcher Seits:
1) der Ober-Baurath Plener aus Hannover,

2) der Regierungsrath **Niemeyer** aus Hannover; ⁝

III. Herzoglich Braunschweigscher Seits:
1) der Kreisdirector **Cruse** aus Helmstedt;
2) der Landes-Oekonomierath **Ludewig I.** aus
Braunschweig.

nach vorhergegangener Berathung heute über nachfolgenden Vertrag übereingekommen.

(Vorbemerkung. Alle in diesem Vertrage enthaltenen Größenangaben beruhen, soweit nicht ein Anderes bemerkt ist, auf
Preußischem Maaße.)

A. Correction der Aller von der Neuen Mühle oberhalb Weferlingen bis zur Grafhorster Schleuse.

Art. I.

Zur Regulirung des Wasserabflusses in der Aller,
von der Neuen Mühle oberhalb Weferlingen bis zur
Grafhorster Schleuse soll das Allerflußbett nach Maaßgabe
des natürlichen, in den verschiedenen Strecken vorhandenen
Gefälles bei einer durchgängigen Tiefe von vier Fuß

a. von der Neuen Mühle oberhalb Weferlingen bis zur
Einmündung der Spetze (Nr. 1 der Karte) zehn Fuß,
b. von hier bis zur Einmündung der Lapau (Nr. 8 der
Karte) vierzehn Fuß,
c. von der Lapau bis zur Schäferbrücke (Nr. 15 der
Karte) sechszehn Fuß,
ad a. — c. mit anderthalbfüßiger Böschung,
d. von dem Grabauer Teiche bis zur Grafhorster
Schleuse (Nr. 24), bei zwei- und einhalbfüßiger
Böschung, zehn Fuß

Sohlenbreite erhalten und unter Regulirung der Landesgrenze auf den Strecken, wo der Fluß die Grenze zwischen

Preußen und Braunschweig bildet, in der auf der Karte dargestellten Richtung begrabigt werden.

Art. 2.

Um den Abfluß der Fluthen in der Thalstrecke zwischen Wüstedt resp. Oebißfelde und dem Grabauer Teiche zu reguliren und die Ortschaften Oebißfelde und Kaltendorf, sowie der Grundstücke auf der rechten Seite des sogenannten Landgrabens, besser als bisher, gegen die Hochfluthen zu schützen, sollen folgende Einrichtungen getroffen werden:

a. von der Ecke des Landgrabens, an der großen Kuhle, ab soll eine wasserfreie Verwallung angelegt werden, welche hart an der sogenannten Rothegraben-Brücke auf dem linken Ufer vorbei geht, die Stadt umzieht und unterhalb derselben bis an das künftig gerade zu legende nördliche Unterwasser der Kaltendorfer Mühle reicht;

b. um der Kaltendorfer und Jahnsmühle das Betriebswasser zuzuführen, wird der Mühlengraben von der sogenannten Kulkbrücke (Nr. 16) ab nach der sogenannten Amtsbrücke hin mit sechszehn Fuß Sohlenbreite geradegelegt und in der Verwallung mit einer Schleuse von achtzehn Fuß lichter Weite versehen, durch welche bei einem vollbortigen oder höheren Wasserstande der Aller nicht mehr Wasser gelassen werden soll, als die Kaltendorfer Mühle durch ihre Betriebsgerinnen ohne Ueberstauung des Mahlziels abführen kann;

c. zum Ersatze für die hierdurch dem Hochwasser verschlossenen seitherigen Fluthöffnungen in Oebißfelde und Kaltendorf wird in dem Steindamme zwischen der Schäfer- und der Kulkbrücke, eine neue Fluthbrücke von zehn Fuß lichter Oeffnung angelegt;

d. die Schäferbrücke wird nach dem Plane des Kreis-
baumeisters S t e l l i n g zu Helmstedt, vom 26. November 1851, umgebaut und dabei auf zweiundvier-
zig Fuß lichter Weite gebracht;

e. die Umfluth für die Kaltendorfer und Jahnsmühle,
von der Schäferbrücke abwärts auf der zu reguliren-
den Landesgrenze bis zum Grabauer Teiche erhält
sechs Fuß Sohlenbreite bei zwei und einhalb Fuß
Böschung und vier Fuß Normaltiefe;

f. wenn der Steindamm zwischen Büstedt und Oebisfelde wasserfrei erhöhet werden sollte, so sind die
Fluthbrücken = Oeffnungen in demselben noch um
weitere zwanzig Fuß zu vermehren.

Art. 3.

Die Mühlen von Weferlingen bis Oebisfelde sollen
ebenfalls mit den erforderlichen, auf der Karte bezeichneten Umfluthen versehen werden, welche die volle Capa-
cität der im Artikel 1 sub a.—c. angegebenen Flußprofile
erhalten und mit Grundschleusen versehen werden, deren
Fachbaum in der projectirten Sohle des Flußbettes liegt,
so daß sie das Wasser des vollbordigen Flusses ohne
Verursachung eines Aufstaues abführen können.

Die Umfluth bei der Seggerder Mühle (Nr. 4) soll
in Betracht ihrer Länge und des Wasserabflusses durch
die Mühlenfreifluth nur mit acht Fuß Sohlenbreite aus-
geführt werden. Das bereits vorhandene Stück derselben
an dem Parke des Ritterguts Seggerde kann in seinen
jetzigen größeren Dimensionen beibehalten werden.

Art 4.

Die Regulirung auf der Feldmark Weferlingen, zu
welcher die Betheiligten bisher ausreichende Beiträge nicht
haben übernehmen wollen, kann nach dem Ermessen der

Preußischen Regierung unterlassen oder der in der Stadt-
lage projectirten Umfluth (Nr. 2) eine andere Richtung
gegeben werden.

Art. 5.

Das vereinbarte Normalprofil des Flußbettes (Artikel 1) ist bei der Regulirung nur in den Durchstichen oder
an solchen Stellen herzustellen, wo das Flußbett eine geringere Breite oder Tiefe hat, wogegen es dem Belieben
der Abjacenten überlassen bleibt, das Flußbett an solchen
Stellen, wo dasselbe größere Breite oder Tiefe hat, auf
das Normalprofil einzuschränken.

Auch bleibt den Abjacenten der oberen Aller (bis Büstedt) unbenommen, daß sie an solchen einzelnen Stellen,
wo die ein- und einhalbfüßige Böschung sich bei dem starken Gefälle später nicht hält, das Ufer flacher abböschen
dürfen.

Doch soll dadurch das vereinbarte Profil des Flußbettes nicht continuirlich erweitert werden.

Art. 6.

Demjenigen der contrahirenden Staaten, welcher solches verlangt, soll auf seine Kosten die Herstellung und
Unterhaltung eines festen, durch Mauer- oder Zimmerwerk
geschlossenen Flußprofils zwischen dem Grabauer Teiche
und der Grafhorster Schleuse (Nr. 23) gestattet werden.

Art. 7.

Unmittelbar oberhalb der Grafhorster Schleuse (Nr. 24),
welche in ihrer jetzigen lichten Weite von zwanzig Fuß
vier Zoll stets erhalten werden soll, tritt eine Vertheilung
der Wassermasse dergestalt ein, daß bei höherem Wasserstande einhundert und funfzehn Kubikfuß pro Secunde
durch den Königlich Preußischen Drömling Abfluß nach

der Ohre erhalten. Zu dem Zwecke wird unmittelbar oberhalb jener Schleuse ein Ableitungsgraben angelegt. Derselbe wird in gerader Linie auf den Anfang des Allergrabens zugeführt, und erhält vier Fuß Sohle, vier Fuß Tiefe und ein und einhalbfüßige Böschung mit einem repartirten Gefälle von eilf und ein viertel Zoll auf einhundert Ruthen.

Unmittelbar neben und in Verbindung mit der Grafhorster Schleuse wird dieser Ableitungsgraben mittelst einer unbedeckten Schleuse von zehn Fuß lichter Weite geschlossen, deren Grundbaum in gleiche Höhenlage mit dem der Grafhorster Schleuse gelegt wird. Diese Schleuse wird gezogen, sobald das Wasser in der Aller die Höhe von drei Fuß über dem Grundbaume erreicht hat und geschlossen, sobald das Wasser bis unter diese Höhe gefallen ist.

· Das mittelst dieses Grabens abzusetzende Wasserquantum soll unter dem Kiefholzdamme (Nr 25) durch ein dort anzulegendes, oben bedecktes, mit Flügelwänden und Schützen zu versehendes Gerinne von zehn Fuß lichter Weite bei vier Fuß lichter Höhe durchgeführt werden. Es ist bei der Feststellung dieser, auf den Absatz obiger einhundert und funfzehn Kubikfuß berechneten Dimension ein Wasserstand von vier Fuß über der Sohle des Gerinnes zu Grunde gelegt.

Um bei höheren Wasserständen zu verhindern, daß mehr als einhundert und funfzehn Kubikfuß pro Secunde durchfließen, soll alsdann die Oeffnung durch Schützen nach einem gemeinschaftlich zu vereinbarenden Reglement angemessen eingeschränkt werden.

Art. 8.

Die Verwaltung der Grundstücke im Allerthale unterhalb Oebisfelde bis nach Grafhorst, resp. bis nach dem

Kiefholzdamme gegen Hochfluthen wird in nachbeschriebener Weise gestattet:

a. auf Braunschweigscher Seite soll der kürzlich unter Büstedt angelegte Damm mindestens sechs Ruthen vom Ufer der neuen Umfluth entfernt bleiben und diesem Ufer parallel folgen bis an den Wiesenweg neben der Pfingstriehe, von dort aber sich nach der Höhe der Pfingstriehe allmählig zurückziehen und mindestens siebenzig Ruthen von der Umfluth und der regulirten Aller zurückbleiben. Am Dorfe Grafhorst darf sich der Wall dem Flusse so weit nähern, daß er das Dorf in Schutz bringt und an die Grafhorster Schleuse anschließt;

b. auf Preußischer Seite soll das rechte Ufer des neuen Unterwassers der Kaltendorfer Mühle bis dreißig Ruthen unterhalb der Jahnsmühle verwallt werden dürfen. Von da ab muß die Verwallung allmählig zurücktreten und mindestens achtzig Ruthen von der regulirten Aller entfernt bleiben.

B. Melioration des Drömlings und Correction des Ohreflusses bis Neuhaldensleben.

Art. 9.

Der wasserfreie Anschluß des Kiefholzdammes an die Breitenroder Anhöhe (Nr. 26) und der Verschluß der jetzigen Oeffnung im Kiefholzdamme da, wo solcher mit dem Fangdamme zusammentrifft (Nr. 27), wird gestattet.

Art. 10.

Gegen die bisher längs des Fangdammes nach der Ohre zu anströmenden Allerfluthen wird das Ohrethal und der meliorirte Drömling durch eine kehrbare Verwallung abgeschlossen. Dieselbe hebt vom nächsten Bogen des Fangdammes nördlich vom Mittelgraben (Nr. 28) an, und zieht sich in nächster Richtung auf die Stemmelbahn zu, läuft unmittelbar an deren Südseite hin und schließt sich an die Rühensche Anhöhe an (Nr. 29).

Diese Verwallung erhält zunächst des Fangdammes fünf Fuß Höhe, sechs Fuß Kronenbreite, drei Fuß Böschung zu beiden Seiten, und läuft die Krone wagerecht bis zur Rühenschen Anhöhe.

Art. 11.

Das nördlich dieser Verwallung belegene Hannoversche und Braunschweigsche Terrain erhält ungehinderte Vorfluth in den äußern Fangdammgraben und von da in die Ohre, auch mittelst Durchschnitte des Fangdammes in die inneren Entwässerungsgräben des Preußischen Drömlings, den Mittel- und Wolmirhorstgraben, und zwar nach folgenden näheren Bestimmungen.

Art. 12.

Es wird gestattet, die in dem Hannoverschen und Braunschweigschen Drömlinge vorhandenen oder noch anzulegenden Entwässerungsgräben in den äußern Fangdammgraben einzulassen. Die gegenseitige Benutzung dieser Gräben, soweit dieselbe den Abfluß des Wassers aus dem Hannoverschen und Braunschweigschen Drömlinge nach dem äußern Fangdammgraben zum Zwecke hat, hält sich Hannover und Braunschweig ungehindert offen.

Art. 13.

Der äußere Fangdammgraben wird von der neuen Verwallung an der Stemmelbahn (Nr. 31) bis zur Einmündung in die Ohre (Nr. 30) auf vierzehn Fuß Sohle und vier Fuß Tiefe gebracht. Die Böschung nach dem

·Fangdamme wird eine einfüßige, und die nach der andern Seite hin eine ein= und einhalbfüßige.

Das Gefälle der Sohle dieses Grabens wird, dem vorhandenen natürlichen Gefälle entsprechend, mit Berück= sichtigung der dem regulirten Ohreflußbette (Art. 16) an dem Einflusse des Grabens zu gebenden Tiefe normirt

Art. 14.

Der Fangdamm erhält zwischen den beiden Fang= dammgräben zwei Durchschnitte, von denen der erstere dort angelegt wird, wo sich die Verwaltung an den Fangdamm anschließt (Nr. 31), der zweite aber dort, wo der Wolmir= horstgraben vom innern Fangdammgraben abzweigt (Nr. 32).

Von diesen stets offenen Durchschnitten erhält der erste sieben Fuß lichter Weite und drei Fuß neun Zoll lichter Höhe, der zweite dagegen acht Fuß lichter Weite und vier Fuß lichter Höhe.

Die Höhenlage der Sohle der Durchschnitte und des innern Fangdammgrabens wird zu der Höhenlage der Sohle des äußern Fangdammgrabens so geregelt und er= halten, daß ein ungehinderter Absatz aus dem letzteren in den innern Fangdammgraben und aus diesem in den Mit= tel= und Wolmirhorstgraben stattfinden kann.

Art. 15.

Der innere Fangdammgraben von der neuen Ver= wallung bis zu seiner Einmündung in den Mittelgraben, der Mittelgraben und der Wolmirhorstgraben erhalten die dem Durchflußvermögen der beiden Durchschnitte auch in Absicht auf die Höhenlage ihrer Sohle entsprechenden Ab= flußprofile bei gleichmäßiger Vertheilung des vorhandenen Gefälles.

Art. 16.

Die Ohre wird bis zur Einmündung des Allergrabens in dieselbe (Nr. 33) in der Weise regulirt, daß
sie, bei einer Normaltiefe von vier Fuß und gleichmäßiger
Höhenlage ihrer Sohle, mit der des äußern Fangdammgrabens an seiner Einmündung bei anderthalbfüßiger
Böschung und bei einem repartirten Gefälle von ein fünf
Achtelzoll auf einhundert Ruthen:

a. vom Fangdamme bis zum Mittelgraben (Nr. 30
bis 34) zweiundzwanzig Fuß,

b. vom Mittelgraben bis zum Friedrichskanale (Nr. 34
bis 35) achtundzwanzig Fuß und

c. vom Friedrichskanale bis zum Allergraben (Nr. 35
bis 33) zweiunddreißig Fuß Sohlenbreite

erhält.

Art. 17.

Von dem Allergraben bis zur Neuhaldenslebener
Schleuse wird die Ohre in der auf der Karte bezeichneten
Richtung (Nr. 33, 36, 37) begradigt und erhält bei einer
Normaltiefe von vier Fuß und bei anderthalbfüßiger
Böschung

a. vom Allergraben bis zur Kulkbrücke bei Calvörde
(Nr. 33, 36) zweiunddreißig Fuß Sohlenbreite und
ein repartirtes Gefälle von drei Zoll auf einhundert
Ruthen,

b. von der Kulkbrücke bis zur Neuhaldenslebener Schleuse
(Nr. 36, 37) sechsunddreißig Fuß Sohlenbreite und
ein repartirtes Gefälle von vier ein halb Zoll auf
einhundert Ruthen.

Sollte es sich bei Ausführung dieser Regulirung
ergeben, daß an einer oder der andern Stelle der eben-
gedachten Strecken der Ohre das Verlassen der projectirten
Linien eine wesentliche Kostenersparniß herbeiführe, so wird

die Abweichung vom Projecte unter der Bedingung gestattet, daß der aus obigen Dimensionen unter Voraus-
setzung der projectirten Linien sich berechnende Wasserab-
satz an allen Stellen ungehindert stattfindet.

Art. 18.

Der Grundbaum der Freischleuse von Neuhaldensleben (Nr. 37) wird um siebenzehn und einen halben
Zoll niedriger gelegt. Die Schützenhöhe wird so normirt,
daß das jetzige Mahlziel der Mühle unverändert bleibt.

Die lichte Weite der Freischleuse beträgt jetzt einund-
zwanzig Fuß und zwei Zoll und soll durch einen Anbau
von dreizehn Fuß lichter Oeffnung erweitert werden, so
daß die ganze lichte Weite vierunddreißig Fuß und zwei
Zoll beträgt.

C. Correction der Aller von der Grafhorster Schleuse bis zur jetzigen Einmündung der kleinen Aller.

Art. 19.

Die Aller von der Grafhorster Schleuse (Nr. 24)
bis zur jetzigen Einmündung der kleinen Aller (Nr. 40)
wird in den auf der Karte bezeichneten Richtungen so angelegt, daß sie bei einer Normaltiefe von vier Fuß und
bei anderthalbfüßiger Böschung nachstehende Sohlenbreiten
und Gefälle erhält:

a) von der Grafhorster Schleuse bis zum Bogen der
Aller oberhalb Politz (Nr. 24 bis 38) eine Sohlenbreite von vierzehn einhalb Fuß bei sieben einen
halben Zoll Gefälle pro einhundert Ruthen,

b. von diesem Punkte bis zu Meyersgraben (Nr. 38, 39)
eine allmählig von vierzehn einhalb Fuß bis vierunddreißig Fuß zunehmende Sohlenbreite bei einem

durchschnittlichen Gefälle von zwei vier zehntel Zoll auf einhundert Ruthen,

c. von Meyersgraben bis zur jetzigen Einmündung der kleinen Aller (Nr. 39, 40) eine Sohlenbreite von vierunddreißig Fuß bei einem Gefälle von zwei vier zehntel Zoll auf einhundert Ruthen.

Art. 20.

Durch die Linie von Vorsfelde auf Neuhaus sollen weder die Schomburgsriede noch eine andere Ableitung aus dem Inundationsgebiete der Aller in diese geführt werden.

Die Brückenöffnungen im Allerthale neben Vorsfelde können noch um eine Fluthbrücke von sechszehn Fuß im Lichten erweitert werden.

Wenn dies geschieht, so bleibt es auch dem Grafen von der Schulenburg unbenommen, die Oeffnungen im Wolffsburger Fahrdamme noch um eine Fluthbrücke von sechszehn Fuß im Lichten zu erweitern.

Art. 21.

Oberhalb des Schlosses Wolffsburg (Nr. 44) wird aus der Aller ein Umfluthgraben von vierzehn Fuß Sohlenbreite und vier Fuß Tiefe bei anderthalbfüßiger Böschung abgeleitet und in der auf der Karte bezeichneten Richtung (Nr. 45) auf den Wolfsburger Damm (Nr. 46) zugeführt. Unterhalb dieses Dammes wendet sich der Umfluthgraben nach dem Graben des gegenwärtigen Schillerteich-Mühlenwassers (Nr. 47) und mündet an dem Punkte in die Aller ein, wo jetzt dieses Mühlenwasser einmündet — soweit von Hannover nicht eine weiter unterhalb belegene Einmündung auf den Wunsch des Grafen von der Schulenburg auf Wolfsburg zugestanden wird.

Sollte es vorgezogen werden, die Aller selbst von

dem Anfange des Umfluthgrabens bis zu dessen Einmündung nicht vollständig auf die Art. 19 c. bestimmte Sohlenbreite zu bringen, so soll die Differenz der Sohle der
Umfluth zugelegt werden.

Art. 22.

An der Stelle, wo dieser Umfluthgraben den Wolfsburger Fahrdamm durchschneidet (Nr. 46), wird letzterer
mit einer Brückenöffnung versehen, bei deren Construction
die Vorschrift gilt, daß die bei Wolfsburg (Nr. 44, 46, 48)
befindlichen Wasserlösen in Ansehung auf Consumtion mit
denen in der Thallinie zwischen Vorsfelde und Neuhaus
(Art. 20) gleiche Größe erhalten.

Art. 23.

Die neu anzulegende Brückenöffnung in dem Wolfsburger Fahrdamme wird mit einer durch einen Pegel ge-
regelten Stauschleuse versehen, deren Grundbaum mit der
repartirten Sohle des Umlaufs gleiche Höhe erhält.

Für die Ziehung derselben gelten die Vorschriften des
Art. 31 und die Pegelhöhen (Art. 43) werden in Rück-
sicht auf die Lage der oberhalb befindlichen Aecker und
Wiesen festgestellt.

Art. 24.

Das Schillerteich-, Schleusen- und Mühlenwasser,
auch das Tagewasser der Berghöhe über Sandkamp und
der Feldmark Sandkamp werden auf einem oder mehreren,
mit dem Grafen von der Schulenburg-Wolfsburg näher
zu verabredenden Punkten der Aller oberhalb des Stellfelder Dammes zugeführt.

44

Art. 25.

Die Käßdorfer und Warmenauer Allerbrücken (Nr. 49, 50) werden auf vierzig Fuß Oeffnung erweitert. Die Erweiterung darf jedoch nicht eher eintreten, als bis der Hannoversche Kanal von unten auf bis zum Stellfelder Damm vollendet sein wird.

Sollten nach Art. 21 — am Schluße — der Aller auf der hier fraglichen Strecke die Art. 19 bestimmten Sohlenbreiten nicht gegeben werden, so bleibt eine verhältnißmäßige Verminderung der vorerwähnten Brückenöffnungen vorbehalten.

Art. 26.

Die zwischen Wolfsburg und dem Stellfelder Damme an der großen und kleinen Aller unternommenen Bedämmungen werden spätestens bis dahin, daß der Hannoversche Kanal von unten auf bis zum Stellfelder Damme vollendet sein wird, bis auf die Fläche des natürlichen Bodens gänzlich niedergelegt.

Auch sollen zwischen Wolfsburg und dem Ableitungspunkte des neuen Aller-Umfluthkanals (Art. 31), sowie zwischen der kleinen Aller und dem Stellfelder Damme neue Verwallungen nicht angelegt, die etwa vorhandenen aber hinweg geräumt werden.

Den Anliegern der kleinen Aller auf der Strecke von der großen Aller bis zur Landwehr bleibt es überlassen, das Ufer der kleinen Aller mit den an- und gegenüber liegenden höheren Uferstrecken in gleiche Höhe zu bringen. Für die Anlieger einer etwaigen Ableitung der kleinen Aller, von der Landwehr abwärts, gilt dasselbe.

Zur Anlage von Stauwerken in der Aller auf diesen Strecken, soweit derartige Anlagen nicht in diesem Vertrage gestattet worden, bedarf es der Zustimmung der betheiligten anderen Staaten.

Die nöthigen Abfuhrwege nach den, an beiden Seiten der Aller belegenen Grundstücken werden vorbehalten, sollen jedoch weder in längeren Strecken an beiden Flußseiten sich gegenüber, noch ohne Unterbrechung auf der einen Flußseite der Aller zwischen Wolfsburg und dem Stellfelder Damme verlaufen.

D. Correction der Aller von der jetzigen Einmündung der kleinen Aller bis Diekhorst.

(Alle in diesem Abschnitte enthaltenen Größenangaben beruhen auf Hannoverschem Maaße.)

Art. 27.

Es bleibt Hannover überlassen, den Stellfelder Damm durch Erhöhung wasserfrei zu legen, nachdem der weiter unten berührte Aller-Umlaufskanal bis zu diesem Damme vollendet sein wird.

Die Vorfluth durch diesen Damm soll beschafft werden:

1) durch eine über das geregelte Bette der großen Aller (Nr. 57) zu erbauende neue Brücke von dreiundsechszig Fuß lichter Weite und eine dem ungehinderten Abflusse der höchsten Fluthen entsprechende Höhenlage der Fahrbahn;

2) durch Beibehaltung

    a. der zunächst nördlich von Stellfelde (Nr. 58) belegenen Brücke von sechsundzwanzig Fuß Oeffnung, und

    b. der sogenannten Burgbrücke (Nr. 59) von vierzig Fuß Oeffnung,

  in ihren bisherigen Lagen und Dimensionen;

3) durch Erhaltung der sogenannten Aller-Umfluthbrücke (Nr. 60) von fünfundzwanzig Fuß Oeffnung als Fluthbrücke; dieselbe soll in ihrer gegenwärtigen

Lage verbleiben, jedoch bei wasserfreier Erhöhung des Dammes in der Fahrbahn, eine dem ungehinderten Abfluße der Hochfluthen entsprechende Höhenlage erhalten;

4) durch Beibehaltung der sogenannten Allerbrücke (Nr. 61), welche gegenwärtig eine Oeffnung von funfzehn Fuß hat, jedoch zur Aufnahme des dahin zu verlegenden Bettes der kleinen Aller und zur Beförderung des Abflußes der Hochfluthen derselben bis zu vierundzwanzig Fuß lichter Oeffnung erweitert und dem gedachten Zwecke entsprechend erhöht werden soll;

5) außer den vorerwähnten Brücken wird in dem wasserfreien Damme zwischen der Allerbrücke und dem Weyhäuser Windmühlenhause noch eine Fluthbrücke von vierundzwanzig Fuß lichter Oeffnung, unter Sicherung des Zuflußes der Fluthen zu derselben, an der dazu in dieser Strecke am meisten geeigneten Stelle angelegt.

Sollte unterhalb des Stellfelder Dammes durch das Allerthal eine Straße gelegt werden, so soll die Vorfluth auch durch diese nach Maaßgabe der vorerwähnte Bestimmungen beschafft werden.

Der Stellfelder Damm kann in solchem Falle beseitigt werden.

Art. 28.

Die im Hauptdamme des Sandkamper Bruches liegenden Brücken von bezüglich sieben und vierzehn Fuß Oeffnung werden zusammen bis vierzig Fuß erweitert.

Art. 29.

Die Einmündung der kleinen Aller in die große Aller wird von einem oberhalb Warmenau zu bestimmen-

ben Punkte ab in ber bei ber Weyhäuſer Theilung bafür
angenommenen Richtung mit ſechszehnfüßiger Sohlenbreite
und einer ber Höhenlage bes Flußbettes ber kleinen und
großen Aller entſprechenden Tiefe in bie Aller geführt
werben.

Die nähere Vereinbarung hierüber, ſowie über bie
Sicherung ber beſtehenden Waſſerleitung an bas Dorf
Warmenau bleibt Hannover und Braunſchweig überlaſſen.

Art. 30.

Der Allerfluß erhält von bem Endpunkte ber Braunſchweigſchen regulirten Strecke und im Anſchluſſe an beren
Sohle bis zur neuen Einmündung ber kleinen Aller einen
geraben Lauf in einem Bette von vierzig Fuß Sohlenbreite
mit ein einhalbfüßiger Böſchung bei vier Fuß Tiefe und bem
vorhanbenen Gefälle von vier Zoll auf einhunbert Ruthen.

Von ber neuen Einmündung ber kleinen Aller bis
abwärts zum Förſterwaſſer wird bas Flußbett in berſelben
Richtung bei gleichen Dimenſionen und gleichem Gefälle
bis zu bem Punkte Nr. 62 ber Karte nahe oberhalb ber
Einmündung bes Förſterwaſſers fortgeſetzt und hier mittelſt eines Seitenburchſtichs mit bem Hauptfluſſe wieder
vereinigt.

Art. 31.

Von Nr. 62 ber Karte ab wird ein nach bem Be-
bürfniſſe und nach ber Beſtimmung von Hannover, ſoweit
nöthig, bebeichter Umleitungskanal aus ber Aller angelegt,
welcher ſich unweit Brennckenbrück mit letzterer wieder
vereinigt. Dieſer Kanal wird bei vier Fuß Tiefe eine
Sohlenbreite von minbeſtens zwanzig Fuß, ein= und ein=
halbfüßige Böſchung und vier Zoll Gefälle auf einhunbert
Ruthen erhalten. Eine größere Vertiefung bes Kanals
bei entſprechenber Einſchränkung ber Sohle, ober eine

2

flachere Böschung bleibt dem Ermessen Hannovers überlassen.

Vor demselben an einer passenden Stelle unterhalb der Abmündung des Allerflusses wird eine Stauschleuse von achtundzwanzig Fuß lichter Weite angelegt, deren Grundbaum im Niveau der Kanalsohle liegt. Es kann durch deren beliebige Verschließung, bei welcher jedoch die nach Art. 43 zu bestimmende Pegelhöhe zu beachten ist, das Winter= und Frühjahrswasser von Mitte October bis Mitte April über die Hannoverschen Wiesenflächen gestaut werden.

Von Mitte April bis Mitte October wird der Umlaufkanal für den Abfluß des Sommerwassers durch denselben nur so weit verschlossen gehalten werden, als erforderlich ist, das Wasser bis zu einer später zu bestimmenden Pegelhöhe zur Befruchtung der Hannoverschen Aller= wiesen und zum Betriebe der Mühle zu Gifhorn nach diesem abfließen zu lassen.

Auch soll der Umlaufskanal zu thunlichster Ableitung schädlicher Winterüberschwemmungen nach Maaßgabe einer zu bestimmenden Pegelhöhe mit benutzt werden.

Art. 32.

Neben dem Umlaufskanale wird auch die Aller, von ihrer Abmündung aus dem verbesserten Allerbette (Nr. 62) an abwärts, in ihrem jetzigen oder nach Befinden Hannovers zu verbessernden Zustande zur Beförderung des Abflusses der Fluthen und Behufs des Mühlenbetriebes in Gifhorn stets erhalten bleiben.

Art. 33.

Zu gehöriger Handhabung der Vertheilung des Was= fers auf den Kanal und die Aller bleibt es Hannover überlassen, in der letzteren unterhalb der Kanalabmündung eine entſprechende Vorrichtung zu machen, durch deren Benutzung jedoch Braunſchweig kein Schaden zugefügt werden darf.

Art. 34.

Von der Einmündung des Umlaufkanals in die Aller bei Brenneckenbrück bis zur Vereinigung der Aller mit der Oker unterhalb Diekhorſt wird durch Ausführung von Durchſtichen, Erweiterung des Flußbettes der Aller und Erbauung einer beſondern Fluthſchleuſe in geringer Entfernung neben der Mühle zu Diekhorſt für Beförderung des Abfluſſes der Allerfluthen geſorgt werden.

E. Correction des Landgrabens.

Art. 35.

Die beiderſeitigen Anlieger des ſogenannten Landgrabens (Nr. 51) ſollen dieſen von der Waſſerſcheide der kleinen Aller und dem Drömlinge bis zum Gräflich von der Schulenburg'ſchen Lüttgenmoore nach desfallſiger Vereinbarung zwiſchen Hannover und Braunſchweig aufräumen und die Landesgrenze, wo ſie in dieſer Strecke gegenwärtig mit einem Graben nicht verſehen iſt, in der Weiſe ausgraben, daß der Landgraben von der Waſſerſcheide bis zum Lüttgenmoore einen ununterbrochenen Zug bildet. Sie ſind verpflichtet, zu dem Ende auf ihre Koſten vom Landgraben aus an vier Punkten des Braunſchweigſchen Drömlings (Nr. 52, 53, 54 und 55) Verbindungsgräben von zehn Ruthen Hannoverſches Maaß anzulegen. Von hier ab muß die Braunſchweigſche Drömlings Intereſſentſchaft die Fortführung dieſer Gräben in die Hauptentwäſſerungsgräben bewirken, damit die Hannoverſche Feldmark Croya und das dahinter belegene Terrain, ſoweit es natürliches Gefälle nach dem Braunſchweigſchen

Drömlinge hat, und ebenso die Feldmarken von Ahnebeck, Parsau und Bergfeld dahin die nöthige Vorfluth finden.

F. Kostenpunkt.

Art. 36.

Jeder Staat übernimmt die Instandsetzung und Unterhaltung der innerhalb seines Gebiets gelegenen und herzustellenden Correctionen und Anlagen.

Art. 37.

Wo diese neuen Correctionen und Anlagen auf der Landesgrenze liegen, übernimmt jeder Staat die Hälfte der Kosten der Erwerbung des hiezu erforderlichen Grund und Bodens, der Instandsetzung und der Unterhaltung.

Art. 38.

Zu den beiden vorhergehenden Artikeln treten folgende abweichende Bestimmungen ein:

Die Strecke der Aller oberhalb der Fleithmühle bis zum Oebisfelder Steindamme, und zwar von dem Punkte ab, wo sie aus dem Preußischen in das Braunschweigsche tritt, wird — obgleich sie nicht überall die Landesgrenze bildet — von beiden Nachbarstaaten zur Hälfte in Stand gesetzt und in dem vertragsmäßigen Zustande unterhalten, auch werden die Kosten des dazu erforderlichen Terrains von beiden Staaten zu gleichen Antheilen übernommen.

Die Kosten der Erwerbung des Grund und Bodens und die künftige Unterhaltung der Strecke der Umfluth von der Schäferbrücke bis zum Grabauerteiche übernehmen Preußen und Braunschweig zu gleichen Theilen, die Kosten der ersten Anlage dieser Strecke übernimmt Preußen allein. Den Umbau der Schäferbrücke bewirkt Preußen zu zwei Drittel und Braunschweig zu einem Drittel der Kosten.

Art. 39.

Die Entschädigung für den auf Grund der Preußischen Gesetzgebung zu expropriirenden Grund und Boden zu den Einlässen der Hannoverschen und Braunschweigschen Gräben in den äußern Fangdammgraben, deren erste Anlage, die künftige Unterhaltung derselben und die Uebergänge übernehmen die zum Einlasse berechtigten Staaten, also resp. Hannover und Braunschweig.

Art. 40.

Als Zuschuß zu der Seitens Hannover auszuführenden Correction und Erweiterung der Aller zahlt Braunschweig einen auf 26,000 $\mathscr{A}$ — sechsundzwanzig tausend Thaler — verabredeten Betrag zu diesen Erweiterungskosten an die Königlich Hannoversche Baucasse, Behufs Mitbestreitung der Anlage und Unterhaltung.

Dieser Betrag wird praenumerando in drei gleichen, unmittelbar auf einander folgenden jährlichen Raten gezahlt und es wird damit begonnen, sobald Hannover seine Correctionen und Anlagen in Angriff genommen hat.

Sollte aber die Vollendung derselben über drei Jahre sich hinausziehen, so steht es Braunschweig zu, die bei eintretenden Hindernisse noch unbezahlten Raten seines Zuschusses auf die dann noch übrigen Baujahre verhältnißmäßig zu vertheilen.

G. Ausführungs- und allgemeine Bestimmungen.

Art. 41.

Es werden die Arbeiten der Correctionen und Anlagen spätestens in dem auf die Ratification dieses Vertrages folgenden Jahre in Angriff genommen.

Sie beginnen zu gleicher Zeit unterhalb bei Diekhorst in Hannover und unterhalb bei Neuhaldensleben in Preußen.

Von dem vorangegebenen Zeitpunkte des Angriffs der Arbeiten an gerechnet, sind von letzteren auszuführen:

a. innerhalb der nächsten drei Jahre:

    1) die Vorflutharbeiten im Hannoverschen bis zur Braunschweigischen Grenze bei Warmenau,

    2) die Arbeiten im Ohrethale von Neuhaldens-leben bis zum Preußischen meliorirten Dröm-linge, und

    3) die Aushebung und Eröffnung des Aller-Ab-leitungsgrabens von der Ohre bis zur Graf-horster Schleuse, einschließlich der Anlage dieser;

b. innerhalb des auf die Vollendung der Arbeiten ad a. nächstfolgenden einen Jahres:

    1) die Arbeiten von der Hannoversch-Braunschweig-schen Grenze bei Warmenau bis zur Graf-horster Schleuse,

    2) die übrigen Arbeiten in und am Preußischen Drömlinge, soweit damit vorzukommen ist;

c. innerhalb des auf die Vollendung der Arbeiten ad b. nächstfolgenden einen Jahres:

    1) die Vollendung der Arbeiten im und am Preu-ßischen Drömlinge (b. 2.),

    2) die Arbeiten von der Grafhorster Schleuse aufwärts, soweit thunlich;

d. innerhalb des nächstfolgenden, also sechsten Jahres, vom Beginne der Arbeiten an gerechnet:

    die Vollendung der übrigen Arbeiten im Aller-Flußgebiete und in dem Hannoverschen und Braunschweigschen Drömlinge, insoweit nicht etwa die erforderliche Vorfluth bereits vor Ab-lauf des fünften Jahres beschafft ist.

Man verpflichtet sich gegenseitig, die Arbeiten in diesen Zeiträumen durchzuführen, falls nicht besondere Hindernisse entgegenstehen sollten.

Art. 42.

Insofern sich während und nach der Ausführung Irrthümer in Betreff der ben technischen Ermittelungen zu Grunde liegenden Nivellements, Berechnungen und Annahmen herausstellen sollten, werden die dadurch bedingten Abänderungen zum Besten der durch solche Irrthümer gefährdeten Contrahenten vorgenommen.

Art. 43.

Nach der Anlegung der Schleusenwerke behält man sich gegenseitig vor, die Pegelhöhe an denselben in Gemäßheit der über ihre Benutzung vertragsmäßig getroffenen Bestimmungen gemeinschaftlich festzusetzen; desgleichen bleibt es vorbehalten, durch geeignete Merkzeichen die vertragsmäßig bestimmte Höhenlage der Schleusen und Durchlässe und der sonstigen bei Ausführung des Vertrages in Betracht kommenden Terrainverhältnisse zu sichern.

Art. 44.

Die vertragsmäßige Ausführung der vereinbarten Anlagen und Arbeiten wird nach ihrer Vollendung einer gemeinschaftlichen Besichtigung von Commissarien der contrahirenden Staaten unterzogen und banach Seitens derselben zu Protokoll constatirt werden.

Die contrahirenden Staaten versprechen sich gegenseitig die künftige vertragsmäßige Unterhaltung und Benutzung der vereinbarten Anlagen und wollen sich von deren fortbauerndem vertragsmäßigen Zustande durch eine von fünf zu fünf Jahren zu wiederholende gemeinschaftliche Schauung versichern.

Art. 45.

Der §. 5 des Recesses vom $\dfrac{\text{20. November 1785,}}{\text{5. December 1785,}}$

welcher zwischen Preußen und Braunschweig über die Entwässerung des Drömlings und die Regulirung der Ohre abgeschlossen ist, wird hieburch aufgehoben.

Art 46.

Jeder Ausfertigung des Vertrages ist eine von den Comissarien am 24. October 1858 unterzeichnete Uebersichtskarte beigefügt, welche, soweit sie in dem Vertrage allegirt wird, einen integrirenden Theil besselben ausmacht. Die Preußische Karte reicht jedoch nur bis zum Stellfelder Damme.

Durch vorstehenden Vertrag und die zugehörigen Karten hat — abgesehen von den Bestimmungen der Art. 1 d. und 2 — an den bestehenden Verhältnissen und Ansprüchen rücksichtlich der Hoheit nichts geän= dert werden sollen.

Dessen zur Urkunde ist Vorstehendes, vorbehältlich der Ratification ihrer hohen Regierungen, von sämmtlichen Comissarien unterschrieben und untersiegelt worden.

So geschehen zu Gr.=Oschersleben, am 9. Juli 1859.

(L.S.) Hermann Roloff.   (L.S.) Herrm. Wurffbein.
(L.S.) Friedrich Plener.   (L.S.) Georg Niemeyer.
(L.S.) Adolph Cruse.   (L.S.) Ernst Ludewig I.

so bringen Wir solchen zur öffentlichen Kenntniß.

Alle, die es angeht, haben sich hier zu achten.

Urkundlich Unserer Unterschrift und beigedruckten Herzoglichen Geheime=Canzlei=Siegels.

Braunschweig, den 30. April 1860.

(L. S.)

Auf Höchsten Special=Befehl.

von Geyso.   Laugerfeldt.   von Campe.

Geſetz- und Verordnungs-Sammlung.

№ 13.

Braunſchweig, den 25. Mai 1860.

Privilegium für den Baumeiſter Friedrich Hoffmann in
Berlin und den Stadtbaurath A. Licht in Danzig.
d. d. Braunſchweig, den 30. April 1860.

Die Herzoglich Braunſchweig-Lüneburgiſche Kreis-Direction Braunſchweig

fügt hiemit zu wiſſen:

Demnach mittelſt Reſcriptes des Herzoglichen Staats-
Miniſteriums vom 25. d. Mts., № 3769, dem Baumeiſter
Friedrich Hoffmann in Berlin und dem Stadtbaurathe
Licht in Danzig auf die alleinige Anwendung und Her-
ſtellung eines von ihnen conſtruirten, durch Zeichnung und
Beſchreibung erläuterten und nachgewieſenen ringförmigen,
feſtſtehenden Ofens zum unausgeſetzten Betriebe beim Bren-
nen von Ziegeln und andern Gegenſtänden ein Patent
für das hieſige Land auf die Dauer von fünf Jahren
— ohne jedoch Jemanden in der Anwendung bereits

bekannter Theile des conſtruirten Ofens dadurch zu beſchränken — gewährt worden iſt, ſo wird denſelben gegenwärtige Verleihungsurkunde darüber vertheilt.

Zur Urkunde deſſen iſt dieſes Privilegium mit dem
Kreis-Directions-Siegel verſehen und durch die beige-
ſetzte Unterſchrift vollzogen worden.

So geſchehen Braunſchweig, den 30. April 1860.

(L. S.)   (gez.) A. Culemann.

Geſetz- und Verordnungs-Sammlung.

№ 14.

Braunſchweig, den 6. Juni 1860.

Privilegium für die Tiſchlermeiſter Carl Lüttge und
Carl Barth hieſelbſt.
d. d. Braunſchweig, den 30. Mai 1860.

Die Herzoglich Braunſchweig-Lüneburgiſche Kreis-Direction Braunſchweig

fügt hiemit zu wiſſen:

Demnach den Tiſchlermeiſtern Carl Lüttge und
Carl Barth in hieſiger Stadt mittelſt Reſcriptes des
Herzoglichen Staats-Miniſteriums vom 25. d. Mts.,
№ 4847, auf die alleinige Anfertigung eines von ihnen
conſtruirten, durch Zeichnung und Beſchreibung nachgewieſenen Bettrahmens, ein Patent für das hieſige Land auf
die Dauer von fünf Jahren — ohne jedoch Jemanden
in der Anwendung bereits bekannter Theile dieſes Rahmens
zu beſchränken — gewährt iſt, ſo wird darüber gegenwärtige Verleihungsurkunde ertheilt.

Zur Urkunde dessen ist dieses Privilegium mit dem Kreis-Directions-Siegel versehen und durch die demselben beigesetzte Unterschrift vollzogen.

So geschehen Braunschweig, den 30. Mai 1860.

(L. S.)   (gez.) A. Culemann.

Geſetz= und Verordnungs=Sammlung.
№. 15.

Braunſchweig, den 14. Juni 1860.

Privilegium für Julius de Bary in Offenbach a. M.
d. d. Braunſchweig, den 1. Juni 1860.

Die Herzoglich Braunſchweig=Lüneburgiſche Kreis=Di-
rection Braunſchweig

fügt hiemit zu wiſſen:

Demnach mittelſt Reſcripts des Herzoglichen Staats-
Miniſteriums vom 25. v. Mts., № 4844, dem Julius
de Bary in Offenbach a. M. auf die alleinige Anfertigung und Anwendung einer von ihm erfundenen, durch
Zeichnung und Beſchreibung nachgewieſenen und veran-
ſchaulichten, Maſchine zur Fabrikation von Cigarren ein
Patent für das hieſige Land auf die Dauer von fünf
Jahren — ohne jedoch Jemand in der Anwendung bereits
bekannter Theile der Erfindung zu beſchränken — gewährt
worden iſt, ſo wird darüber gegenwärtige Verleihungsur=
kunde ertheilt.

Zur Urkunde dessen ist dieses Privilegium mit dem Kreis-Directions-Siegel versehen und durch die beigesetzte Unterschrift vollzogen.

So geschehen Braunschweig, den 1. Juni 1860.

(L. S.)　　　(gez.)　A. Culemann.

Geſetz- und Verordnungs-Sammlung.

№ 16.

Braunſchweig, den 14. Juni 1860.

Bekanntmachung des Herzoglichen Staats-Miniſteriums:
die Beſtimmung des Steueramts in Delligſen — anſtatt
des Steueramts in Eſchershauſen — zur Hebe- und Ab-
fertigungsſtelle für die Uebergangsſtraße von Holzminden
über Eſchershauſen nach Alfelb betreffend.
d. d. Braunſchweig, den 4. Juni 1860.

Nachdem das Steueramt in Delligſen — anſtatt des
Steueramts in Eſchershauſen — zur Hebe- und Abfer-
tigungsſtelle für die Uebergangsſtraße von Holzminden
über Eſchershauſen nach Alfelb — und umgekehrt —,
vom 1. k. M an beſtimmt worden iſt, ſo wird Solches,
unter Bezugnahme auf die Bekanntmachung des Herzoglichen Staats-Miniſteriums vom 16. Januar 1854, die
Erhebung der Uebergangsabgaben betreffend, zur öffentlichen Kunde gebracht.

Braunſchweig, am 4. Juni 1860.

Herzoglich Braunſchweig-Lüneburgiſches Staatsminiſterium.

Langerfeldt.   **von Campe.**

Gesetz- und Verordnungs-Sammlung.

№ 17.

Braunschweig, den 13. Juli 1860.

Verordnung, die Publikation einer mit dem Kaiserl. Russischen Gouvernement ausgewechselten Declaration über die gegenseitige Aufhebung des Abzugsrechtes betr. d. d. Braunschweig, den 30. Juni 1860.

Von Gottes Gnaden, Wir **Wilhelm**, Herzog zu Braunschweig und Lüneburg 2c. 2c.

Demnach Wir mit dem Kaiserl. Russischen Gouvernement eine Uebereinkunft, wegen gegenseitiger Aufhebung des Abzugsrechts von Verlassenschaften und anderen Gütern zwischen dem hiesigen Herzogthume und dem Russischen Kaiserreiche haben abschließen lassen, so bringen Wir die dieserhalb, gegen eine gleichlautende diesseitige Erklärung, ausgewechselte Declaration des genannten Kaiserl. Gouvernements hierdurch nachstehend in der französischen Originalausfertigung und in deutscher Uebersetzung zur öffentlichen Kenntniß, und haben Alle, die es angeht, sich nach deren Inhalte zu achten.

Urkundlich Unserer Unterschrift und beigedruckten Herzoglichen Geheime-Canzlei-Siegels.

Braunschweig, den 30. Juni 1860.

(*L. S.*)

Auf Höchsten Special-Befehl.

Langerfeldt.   von Campe.

Déclaration.

Sa Majesté l'Empereur de toutes le Russies ayant décrété par un Oukase au Sénat Dirigeant en date du 2. Juin 1823 que „le droit de détraction exercé au profit du Trésor Impérial sur l'exportation et le transfert, hors de l'Empire, des héritages et autres biens appartenants à des étrangers, serait aboli en faveur des sujets de celles des autres Puissances, qui auraient réciproquement arrêté dans leurs Etats une abolition semblable en faveur des sujets Russes" — et Monsieur de Geyso, Ministre d'Etat de Son Altese Monseigneur le Duc de Brunswick et Lunebourg, ayant, par un acte, délivré en date d'aujourd'hui, déclaré au nom de son Gouvernement et en vertu des pleins-pouvoirs dont il a été muni à cet effet, que le droit de détraction, tel qu'il a été défini ci-dessus, n'est et ne sera pas exercé dans le Duché de Brunswick et Lunebourg sur les héritages et autres biens échus ou appartenants à des sujets Russes, — le Soussigné, Conseiller Privé de Sa Majesté l'Empereur de toutes les Russies, Son Envoyé Extraordinaire et Ministre Plénipotentiaire près les Cours de Hannovre, d'Oldenbourg et de Brunswick, autorisé à cet effet par Sa Majesté l'Empereur, son Auguste Maître, déclare par la présente, que la condition mentionnée dans l'Oukase ci-dessus, se trouvant parfaitement remplie de la part du Gouvernement Ducal, le dit Oukase aura son plein et entier effet à l'égard des sujets de Son Altesse Monseigneur le Duc de Brunswick et Lunebourg, non seulement dans tous les cas futurs, mais dans tous ceux où, — jusqu'au jour de la signature de la présente déclaration, les droits abolis par les dispositions susmentionnées n'auront pas encore été effectivement et définitivement perçus. Il a été expressément convenu que l'abolition dont il s'agit s'étend au Royaume de Pologne et au Grand-Duché de Finlande.

En foi de quoi le Soussigné a signé la présente déclaration destinée à être échangée contre celle de Monsieur de Geyso, et l'a fait munir du cachet de ses armes.

Fait à Brunswick, le 14/26. Novembre 1859.

(L. S.) *Persiany.*

Declaration.

Demnach seine Majestät, der Kaiser von Rußland, durch einen an den dirigirenden Senat unterm 2. Juni 1823 erlassenen Ukas verordnet hat, »daß das zum Vortheil des Kaiserlichen Schatzes, bei der Ausführung und Uebertragung von, Ausländern zugehörigen, Verlassenschaften und andern Gütern außerhalb des Kaiserreichs, bisher ausgeübte Abzugsrecht zu Gunsten der Unterthanen derjenigen andern Mächte aufgehoben werden solle, welche, ihrerseits, in ihren Staaten eine gleiche Aufhebung zu Gunsten der russischen Unterthanen verfügt haben,« und der Staatsminister Sr. Hoheit des Herzogs von Braunschweig und Lüneburg, Herr von Geyso, mittelst einer untermheutigen Datum ausgefertigten Urkunde im Namen seiner Regierung und auf den Grund der ihm zu diesem Ende ertheilten Vollmacht, die Erklärung abgegeben hat, daß das oben beschriebene Abzugsrecht im Herzogthume Braunschweig in Beziehung auf, russischen Unterthanen angefallene, Erbschaften oder zugehörige sonstige Güter nicht ausgeübt werde, noch ausgeübt werden solle, so erklärt der unterzeichnete Geheimerath Sr. Majestät, des Kaisers von Rußland und Dessen außerordentlicher Gesandter und bevollmächtigter Minister bei den Höfen von Hannover, Oldenburg und Braunschweig, kraft der ihm zu solchem Ende von Sr. Majestät, dem Kaiser, seinem erhabenen Herrn, ertheilten Ermächtigung durch Gegenwärtiges, daß, da die in dem oberwähnten Ukas gestellte Bedingung von Seiten der Herzoglichen Regierung vollständig erfüllt worden, besagter Ukas seine volle und uneingeschränkte Wirkung, bezüglich der Unterthanen Sr. Hoheit, des Herzogs von Braunschweig, nicht nur in allen künftigen, sondern auch in allen solchen Fällen haben solle, wo, bis zum Tage der Unterzeichnung dieser Declaration, die durch die obigen Bestimmungen aufgehobenen Abgaben noch nicht wirklich und definitiv eingezogen worden sind. Es ist zugleich ausdrücklich vereinbart worden, daß die Wirkung dieser Uebereinkunft sich auch auf das Königreich Polen und das Großfürstenthum, Finnland erstrecken soll.

Zu Urkund dessen hat der Unterzeichnete die gegenwärtige, zur Auswechselung gegen die Declaration des Herrn von Geyso bestimmte Declaration vollzogen und derselben sein Wappensiegel beidrücken lassen.

Geschehen zu Braunschweig, den 26. November 1859.

(L. S.)   *Persiany.*

Gesetz- und Verordnungs-Sammlung.

№ 18.

Braunschweig, den 24. Juli 1860.

Wahlausschreiben zum 10. ordentlichen Landtage.
d. d. Braunschweig, den 14. Juli 1860.

Von Gottes Gnaden, Wir **Wilhelm**, Herzog zu Braunschweig und Lüneburg 2c. 2c.

Demnach, in Gemäßheit des §. 128 der Neuen Landschafts-Ordnung vom 12. October 1832, der zehnte ordentliche Landtag im Laufe d. J. zu berufen ist, so erlassen Wir, auf den Grund des Gesetzes über die Zusammensetzung der Landesversammlung vom 22. Novbr. 1851 und des Wahlgesetzes vom 23. Novbr. 1851, hierdurch das nachfolgende Wahlausschreiben:

§. 1.

Zur Wahl der vor dem Beginne des zehnten ordentlichen Landtags ausscheidenden Hälfte der Abgeordneten, sowie zur Vornahme nöthig gewordener Ergänzungswahlen, haben sich

die Wahlcollegien der Stadt- und Landgemeinden, sowie das Wahlcollegium für das Amt Thedinghausen Dienstag, den 18. September d. J.,

die Wahlcollegien der Höchstbesteuerten und der evangelischen Kirche

Dienſtag, den 25. September d. J.,
zu verſammeln.

§. 2.

Zur Vornahme der regelmäßig wiederkehrenden Wahlen haben folgende Wahlbezirke zu wählen:

I. Von den Stadt= und Landgemeinden:

A. Von den Stadtgemeinden:

der erſte Bezirk (Braunſchweig) zwei Abgeordnete;

der dritte Bezirk (Schöppenſtedt, Königslutter und Schöningen) einen Abgeordneten, und verſammelt ſich das Wahlcollegium in Schöningen (§. 30 des Wahlgeſetzes);

der vierte Bezirk (Helmſtedt) einen Abgeordneten;

der fünfte Bezirk (Holzminden, Stadtoldendorf und Eſchershauſen) einen Abgeordneten, und verſammelt ſich das Wahlcollegium in Eſchershauſen;

B. Von den Landgemeinden:

der erſte Bezirk (Kreis Braunſchweig, ohne Thedinghauhauſen) zwei Abgeordnete;

der zweite Bezirk (Kreis Wolfenbüttel) einen Abgeordneten;

der dritte Bezirk (Kreis Helmſtedt) einen Abgeordneten;

der vierte Bezirk (Kreis Gandersheim) einen Abgeordneten;

der fünfte Bezirk (Kreis Holzminden) einen Abgeordneten.

II. Von den Höchſtbeſteuerten:

A. der Grundbeſitzer:

die erſte Claſſe drei Abgeordnete;

die zweite Claſſe:

der dritte Bezirk (Kreis Helmſtedt) einen Abgeordneten;

der fünfte Bezirk (Kreis Holzminden) einen Abgeordneten;

B. der Gewerbetreibenden:

der erste Bezirk (Stadt Braunschweig) einen Abgeordneten;
der zweite Bezirk (Landgebiet des Kreises Braunschweig
und Kreise Wolfenbüttel und Helmstedt) einen Abgeordneten, und versammelt sich das Wahlcollegium in
Wolfenbüttel (§. 50 des Wahlgesetzes);
der dritte Bezirk (Kreise Gandersheim und Holzminden)
einen Abgeordneten, und versammelt sich das Wahlcollegium in Gandersheim (§. 50 des Wahlgesetzes).

**C. der der Grund- und Gewerbesteuer nicht
unterworfenen Berufsstände:**

der erste Bezirk (Kreis Braunschweig) einen Abgeordneten;
der zweite Bezirk (Kreis Wolfenbüttel und Helmstedt) einen Abgeordneten, und versammelt sich das Wahlcollegium in Wolfenbüttel (§ 55 des Wahlgesetzes).

III. Von der Geistlichkeit der evangelischen Kirche:

der erste Bezirk (Kreise Braunschweig und Wolfenbüttel)
einen Abgeordneten, und versammelt sich das Wahlcollegium in Braunschweig (§. 62 des Wahlgesetzes);
der zweite Bezirk (Kreise Helmstedt und Blankenburg)
einen Abgeordneten, und versammelt sich das Wahlcollegium in Helmstedt (§. 62 des Wahlgesetzes).

§. 3.

Behuf Vornahme der nöthig gewordenen Ergänzungswahlen haben zu wählen, und zwar auf die Dauer
von 3 Jahren

1) der siebente Wahlbezirk der Landgemeinden (Amt
Thedinghausen) einen Abgeordneten,
und

2) der zweite Wahlbezirk der Höchstbesteuerten Grund-

besitzer zweiter Classe (Kreis Wolfenbüttel) einen
Abgeordneten.

§. 4.

Die Magistrate der Städte und die Vorsteher der
Landgemeinden haben die Wahl der Wahlmänner (§§. 5
und 6 des Wahlgesetzes) zeitig vornehmen zu lassen, die
Herzogl. Kreisdirectionen, die Vorsitzenden der Amtsräthe
und der Herzogl. Kreisgerichte, sowie die sonst durch das
Gesetz zur Mitwirkung bei den Wahlen berufenen Behörden und Beamten sich den ihnen gesetzlich obliegenden
Geschäften zu unterziehen, und überhaupt Alle, die es
angeht, sich hiernach zu achten.

Urkundlich Unserer Unterschrift und beigedruckten
Herzoglichen Geheime-Canzlei-Siegels.

Braunschweig, den 14. Juli 1860.

(*L. S.*)

Auf Höchsten Special-Befehl.

Langerfeldt.   **von Campe.**

Gesetz- und Verordnungs-Sammlung.
№ 19.

Braunſchweig, den 30. Juli 1860.

Verordnung, die Berichtigung eines Irrthums in dem Wahlausſchreiben vom 14. d. Mts. betreffend.
d. d. Braunſchweig, den 25. Juli 1860.

Von Gottes Gnaden Wir, **Wilhelm**, Herzog zu Braunſchweig und Lüneburg ꝛc. ꝛc.

Da in dem unterm 14. d. Mts. erlaſſenen Wahl-ausſchreiben unter II. B., die von den höchſtbeſteuerten Gewerbetreibenden vorzunehmenden Wahlen betreffend, als Ort der Verſammlung des Wahlcollegiums der Kreiſe Gandersheim und Holzminden die Stadt Gandersheim, ſtatt der dieſes Mal als Wahlort eintretenden Stadt Holzminden, angegeben worden iſt, ſo verordnen Wir hierdurch:

Das Wahlcollegim der Kreiſe Gandersheim und Holz-minden (3ter Bezirk), behuf der von den höchſtbeſteuer-ten Gewerbetreibenden vorzunehmenden Wahl, verſammelt ſich zu Holzminden.

Alle, die es angeht, haben ſich hiernach zu achten.

Urkundlich Unserer Unterschrift und beigedruckten Herzoglichen Geheime-Canzlei-Siegels.

Braunschweig, den 25. Juli 1860.

(*L. S.*)

Auf Höchsten Special-Befehl.

Langerfeldt.   von Campe.

Gesetz- und Verordnungs-Sammlung.

№ 20.

Braunschweig, den 6. August 1860.

Bekanntmachung, die Ausführung der Aller- und Ohre-Correction betr.
d. d. Braunschweig, den 25. Juli 1860.

Da die Ausführung des mittelst der Verordnung vom 30. April d. J. publicirten Staatsvertrages mit den Königreichen Preußen und Hannover wegen Regulirung der Aller- und Ohre-Flüsse der Herzogl. Drömlings-Commission übertragen worden ist, so wird solches hierdurch bekannt gemacht.

Braunschweig, den 25. Juli 1860.

Herzoglich Braunschweig-Lüneburgisches Staatsministerium.

Langerfeldt.   **von Campe.**

Gesetz- und Verordnungs-Sammlung.

№ 21.

Braunschweig, den 16. August 1860.

Privilegium für den Zuckersieder H. Schaarschmidt in Räbke.

d. d. Braunschweig, den 2. August 1860.

Die Herzoglich Braunschweig-Lüneburgische Kreis-Direction Braunschweig

fügt hiemit zu wissen:

Demnach mittelst Rescriptes des Herzoglichen Staats-Ministeriums vom 28. v. Mts., № 6876, dem Zuckersieder H. Schaarschmidt in Räbke auf die alleinige Anwendung einer von ihm erfundenen, durch beigefügte Zeichnung und Beschreibung erläuterte, Kohlenwaschmaschine für Zuckerfabriken ein Patent für das hiesige Land auf die Dauer von fünf Jahren — ohne jedoch dadurch Jemanden in der Anwendung bereits bekannter Theile dieser Maschine zu beschränken — gewährt worden ist, so wird demselben darüber gegenwärtige Verleihungsurkunde ertheilt.

Zur Urkunde dessen ist dieses Privilegium mit dem Kreis-Directions-Siegel versehen, und durch die beigesetzte Unterschrift vollzogen worden.

So geschehen Braunschweig, den 2. August 1860.

(L. S.)   (gez.) A. Culemann.

Gesetz- und Verordnungs-Sammlung.
№ 22.

Braunschweig, den 18. August 1860.

Bekanntmachung: die von den Rübenzucker = Fabrikanten bei den Steuerämtern einzureichenden Verzeichnisse ihrer Rübenvorräthe betreffend.

d. d. Braunschweig, den 9. August 1860.

Zu den nach §. 13 des Gesetzes vom 24. August 1846, die Besteuerung des im Inlande erzeugten Rübenzuckers betreffend, von den Inhabern der Rübenzucker = Fabriken in doppelter Ausfertigung einzureichenden Material=Vorraths=Verzeichnissen ist statt des der Instruction für die Steuerbehörden zur Ausführung des erwähnten Gesetzes vom 26. August 1846 sub № 6 als Anlage beigefügten Formulars von jetzt an das angeschlossene Formular zu benutzen.

Dabei werden folgende Bestimmungen getroffen.

1. In dem Verzeichnisse sind sämmtliche Rübenvorräthe, welche bis zum Tage der Ausstellung desselben Morgens 6 Uhr geerndtet oder angekauft worden, im schmutzfreien Zustande, jedoch ohne jeden Abzug für Putzabfallsgewicht oder Fäulniß, sowie ohne Abzug der zur anderweiten Verwendung bestimmten Rüben gewissenhaft zu declariren.

2. In ganz gleicher Weise sind alle nach dem zu 1 gedachten Zeitpunkte aus eigener Erndte oder Ankauf u. s. w. hervorgehenden Zugänge an Rüben der Steuer- hebestelle zur Nachtragung in dieses Verzeichniß sofort gewissenhaft anzumelden.

Braunschweig, am 9. August 1860.

Herzoglich Braunschweig-Lüneburgisches Staatsministerium.

Langerfeldt. **von Campe.**

Verzeichniß

der

sämmtlichen Rüben-Vorräthe des unterzeichneten Rübenzucker-Fabrikanten.

Laufende No der Aufbewahrungs-Orte	Angabe der einzelnen Aufbewahrungs-Orte nach ihrer allgemeinen Bezeichnung, als: Keller, Speicher, Miethen ꝛc.	Nähere Angabe: wo sich jeder dieser Aufbewahrungs-Orte befindet.	Menge der in jedem derselben vorhandenen Rüben. Zentner	Revisionsbefund.
1.	2.	3.	4.	5.

Ort und Datum.
Unterschrift des Fabrikanten.

Gesetz- und Verordnungs-Sammlung.

№ 23.

Braunschweig, den 3. September 1860.

Gesetz, die Aufhebung der Gemeinde Neudorf im Amtsbezirke Thebinghausen betreffend.

d. d. Braunschweig, den 11. August 1860.

Von Gottes Gnaden, Wir, **Wilhelm,** Herzog zu Braunschweig und Lüneburg ꝛc. ꝛc.

erlassen mit Zustimmung des Ausschusses der Landesversammlung das nachfolgende Gesetz:

§. 1.

Die Gemeinde Neudorf (Groß- und Klein-Neudorf)
im Amtsbezirke Thebinghausen hört mit dem 1. Januar
1861 als selbstständige politische Gemeinde auf.

§. 2.

Die zu dem bisherigen Gemeindeverbande von Neudorf gehörigen Grundstücke treten von dem gedachten Zeitpunkte an theilweise in den Gemeindeverband von Emtinghausen, theilweise in den von Bahlum und zwar nach
Maßgabe der unter den betheiligten Gemeinden festgestell-
ten Grenzlinie, wie solche in der Anlage des Nähern be-
schrieben ist.

§. 3.

Die zu Neudorf mit einem Wohnhause eingesessenen Einwohner erlangen das Wohnortsrecht in Emtinghausen, bezüglich in Bahlum, jenachdem dieses Haus dem Gemeindeverbande der einen oder anderen dieser Gemeinden angehören wird.

§. 4.

Diejenigen, bisher zu Neudorf wohnortsberechtigten Personen, welche daselbst mit einem Wohnhause nicht angesessen sind, erwerben das Wohnortsrecht zu Emtinghausen, resp. Bahlum nach Maßgabe der darüber unter diesen Gemeinden von Herzoglicher Kreisdirection Braunschweig getroffenen Vereinbarungen.

Die Feststellung des Wohnortsrechts der hierbei etwa übersehenen Personen bleibt nach Anhörung der Betheiligten den Verwaltungsbehörden vorbehalten.

§. 5.

Für den Schulverband der einzelnen, zu der bisherigen Gemeinde Neudorf gehörigen Reihestellen ist in Zukunft der politische Gemeindeverband maßgebend.

§. 6.

Zur Abnahme der zur Zeit des Aufhörens der Gemeinde Neudorf etwa noch rückständigen Gemeinderechnungen bleibt der bisherige Gemeinderath befugt und verpflichtet.

Etwaige Gemeinde-Schulden werden von den bisherigen Gemeindegenossen Neudorf's nach Maßgabe der Communalsteuerpflicht getilgt, und etwaige Cassenvorräthe an die Communalsteuerpflichtigen nach Maßgabe ihrer Beitragspflicht zurückgezahlt.

Alle, die es angeht, haben sich hienach zu achten.
Urkundlich Unserer Unterschrift und beigedruckten
Herzoglichen Geheime-Canzlei-Siegels.

Braunschweig, den 11. August 1860.

(*L. S.*)

Auf Höchsten Special-Befehl.

Langerfeldt.   **von Campe.**

Anlage

zu dem Gesetze:
die Aufhebung der Gemeinde Neudorf
betreffend.

Die Grenze zwischen den Gemeinden Emtinghausen und Bahlum beginnt an der großen Eiter zwischen den Bruchwiesen № 31 und 32 der neuen Karte, und wird bis zu dem sog. Brinkwegförth dergestalt gebildet, daß die Wiesen 31, 30 und 38 zu der Emtinghäuser, dagegen die Wiesen 32, 33, 36, 37 und 49 zu der Bahlumer Feldmark gehören. Von dem Beginne des sog. Brinkwegsförth (zwischen den Wiesen 38 und 49 der neuen Karte) folgt die Grenze diesem bis an das Fleth und zieht sich von hier in gleicher Richtung bis auf den Communicationsweg № 905 von Bahlum nach Emtinghausen. Von hier folgt die Grenze diesem Wege bis zum Wege 896, verfolgt diesen bis zum Wege 894, schneidet das zwischen den Wegen 894 und 897 befindliche Dreieck (Plan 137 der Karte) ab, tritt alsdann auf den Weg 882 und verfolgt diesen bis zum Wege 893. Auf diesem Wege läuft dieselbe bis zu der zwischen den Plänen 145 und 152 der Karte befindlichen Wasserlöse und folgt dieser Letzteren bis dahin, wo dieselbe auf den Weg 882 tritt. Sodann verfolgt die Grenze den Weg 882 bis zum Feldwege 888, läuft dem Letzteren entlang bis zum Wege 883, wiederum diesem bis zum Wege 887, und sodann auf dem Wege 887 bis zum Wege 867. Hier tritt die Grenze in den Weg 864 und verfolgt diesen bis zum Wege 863, auf welchem sie alsdann in nördlicher Richtung bis zum Sodensticke 813 und von da in fast gerader Richtung bis zu dem Hoheitsgrenzsteine № 14 fortgeht.

Geſetz= und Verordnungs=Sammlung.

№ 24.

Braunſchweig, den 6. September 1860.

Privilegium für Eugen Langen in Cöln.
d. d. Braunſchweig, den 22. Auguſt 1860.

Die Herzoglich Braunſchweig=Lüneburgiſche Kreis = Di=
rection Braunſchweig

fügt hiemit zu wiſſen:

Demnach mittelſt Reſcriptes des Herzoglichen Staats=
Miniſteriums vom 18. b. Mts. № 7519 dem Eugen
Langen in Cöln auf die alleinige Anwendung und
Anfertigung eines von ihm erfundenen, durch beigefügte
Zeichnung und Beſchreibung erläuterten und nachgewie=
ſenen „Etagenroſtes zur Erzielung einer rauchloſen und
vollſtändigen Verbrennung von Steinkohlen und andern
Brennmaterialien" ein Patent für das hieſige Land auf
die Dauer von fünf Jahren — ohne jedoch Jemanden
dadurch in der Anwendung bereits bekannter Theile der
Erfindung zu beſchränken — gewährt worden iſt, ſo
wird demſelben gegenwärtige Verleihungsurkunde darüber
ertheilt.

Zur Urkunde deſſen- iſt dieſes Privilegium mit dem Kreis-Directions-Siegel verſehen, und durch die daneben geſetzte Unterſchrift vollzogen.

So geſchehen Braunſchweig, den 25. Auguſt 1860.

(L. S.)　　　(gez.)　A. Enlemann.

Gesetz= und Verordnungs=Sammlung.

№ 25.

Braunschweig, den 6. September 1860.

Privilegium für den Fabrikanten Carl Struve zu
Osterode.
d. d. Braunschweig, den 25. August 1860.

Die Herzoglich Braunschweig-Lüneburgische Kreis-Direction Braunschweig

fügt hiemit zu wissen:

Demnach durch Rescript des Herzoglichen Staats-Ministeriums vom 15. d. Mts. № 7415 dem Fabrikanten Carl Struve in Osterode auf die alleinige Anwendung einer von ihm erfundenen, durch beigefügte Zeichnung und Beschreibung nachgewiesenen verbesserten Construction der Plätte- und Bügeleisen, behuf deren directer Heizung mit Kohlen ein Patent für das hiesige Land auf die Dauer von fünf Jahren — ohne jedoch Jemand in der Anwendung bereits bekannter Theile der Erfindung dadurch zu beschränken — gewährt ist, so wird darüber gegenwärtige Verleihungs=Urkunde ertheilt.

Zur Urkunde dessen ist dieses Privilegium mit dem Kreis-Directions-Siegel versehen, und durch die beigesetzte Unterschrift vollzogen.

So geschehen Braunschweig, den 31. August 1860.

(L. S.)   (gez.) A. Culemann.

Gesetz- und Verordnungs-Sammlung.
№ 27.

Braunschweig, den 21. September 1860.

Gesetz, die Bildung von Gemarkungen und die Feststellung der Gemeindebezirks = Angehörigkeit einzeln belegener Grundstücke im Amtsbezirke Königslutter betreffend.

d. d. Braunschweig, den 28. August 1860.

Von Gottes Gnaden, Wir, **Wilhelm,** Herzog zu Braunschweig und Lüneburg rc. rc.

erlassen in Gemäßheit der §§. 8, 9 und 10 der Landgemeinde = Ordnung vom 19. März 1850, sowie des §. 6 der revidirten Städteordnung von demselben Tage mit Zustimmung des Ausschusses der Landesversammlung die nachfolgenden gesetzlichen Bestimmungen:

§. 1.

Im Amtsbezirke Königslutter sollen folgende fünf Forstgemarkungen, als:

1) die Barmker Forstgemarkung,
2) die Belenroder Forstgemarkung,
3) die Königslutter'sche Forstgemarkung,

4) die Forstgemarkung Brunsleberfeld,

5) die Forstgemarkung Schieren,

gebildet werden.

§. 2.

Die Barmker Forstgemarkung besteht aus:

a. den Herrschaftlichen Forsten des Reviers Barmke mit dem Domainenacker am alten und neuen Schottorfer Berge, zu überhaupt 1201 Wald= morgen 42 ☐Ruthen,

b. der Süpplinger Gemeindeforst zu 454 Wald= morgen 68 ☐Ruthen,

c. dem Theile der Süpplingenburger Gemeindewal= dung, welcher nicht im Zusammenhange mit der Süpplingenburger Feldmark steht, zu 179 Wald= morgen 144 ☐Ruthen,

und wird im Osten durch die Barmker, im Süden durch die Süpplingenburger und durch die Gr.=Steinumer Feld= mark, im Westen durch die eben genannte Feldmark, so= wie durch das Stolze'sche Privatholz und im Norden durch die Landesgrenze umschlossen.

§. 3.

Die Beienrober Forstgemarkung wird aus der Wal= dung der Königlich Hannoverschen Gemeinde Beienrode zu 150 Waldmorgen und der daneben belegenen, zur Zeit dem Ackermann Stolze zu Uhry gehörenden Waldung zu 20½ Waldmorgen gebildet, und im Norden und Nord= osten durch die Landesgrenze, im Südosten durch die

Barmker Forstgemarkung und im Südwesten und Westen durch die Groß-Steinumer Feldmark begrenzt.

§. 4.

Die sämmtlichen Herrschaftlichen Forstorte des Reviers Königslutter zu 3397 Waldmorgen 142 ☐Ruthen, mit Ausnahme der Forstorte Kattbusch und Schlägelbusch (cf. §. 12), imgleichen der Herrschaftliche Forstort Kiefwinkel des Evesser Revieres zu 5 Waldmorgen 45 ☐Ruthen bilden die Königslutter'sche Forstgemarkung, welche im Süden durch die Räbker Gemeindewaldung und den Amtsbezirk Schöppenstedt, im Westen durch den Amtsbezirk Ribbagshausen und im Norden und Osten von den Feldmarken von Bornum, Lauingen, Königslutter, Sunstedt und Lelm begrenzt wird.

§. 5.

Die Forstgemarkung Brunsleberfeld besteht aus sämmtlichen Herrschaftlichen Forstorten des Reviers Brunsleberfeld zu 1165 Waldmorgen 30 ☐Ruthen und den zum Forstdienstgehöfte gehörigen Acker- und Wiesenplänen zu 41 Waldmorgen 147 ☐Ruthen, und wird im Süden durch den Schöninger, im Westen durch den Schöppenstedter Amtsbezirk, im Norden durch das Gemeindeholz und im Osten durch die Feldmark von Räbke begrenzt.

Das Forstdienstgehöft zum Brunsleberfelde gehört dem Gemeindebezirke von Räbke an. (S. §. 14.)

§. 6.

Die Forstgemarkung Schieren wird aus dem Herr-schaftlichen Forstorte Schieren zu 153 Waldmorgen 146 ☐Ruthen und der Frellstedter Gemeindewaldung zu 194 Waldmorgen 10 ☐Ruthen gebildet und im Norden durch die Feldmarken von Lelm und Süpplingen, im Osten durch die Feldmarken von Süpplingen und Frellstedt, im Süden durch die Feldmarken von Frellstedt und Räbke und im Westen durch die Feldmarken von Räbke und Lelm umschlossen.

§. 7.

Die 70 Waldmorgen 111 ☐Ruthen haltende Süpp-lingenburger Gemeindewaldung im Berendts = und Berg-gehäge, welche unmittelbar an die Süpplingenburger Feld-mark grenzt, wird dem Gemeindebezirke von Süpplingen-burg beigelegt.

§. 8.

Die Gr. = Steinumer Gemeindewaldung am Dorme zu 239 Waldmorgen soll einen Theil der Feldmark von Gr.=Steinum bilden.

§. 9.

Die Rieseberger Gemeindewaldung am Rieseberge zu 116 Waldmorgen 26 ☐Ruthen wird der Feldmark von Rieseberg beigelegt.

§. 10.

Die Lauinger Gemeindewaldung am Rieseberge zu 221 Waldmorgen, sowie die Lauinger Gutswaldung da-selbst wird dem Gemeindebezirke von Lauingen zugelegt.

§. 11.

Die Bornumer Gemeindewaldung am Elme zu 983 Waldmorgen 34 ☐Ruthen und die der Bornumer Kirche zu 28 Waldmorgen 133 ☐Ruthen werden mit dem Gemeindebezirke von Bornum verbunden.

§. 12.

Die Herrschaftlichen Forstorte Kattbusch zu 1 Waldmorgen 86 ☐Ruthen und Schlägelbusch zu 9 Waldmorgen 79 ☐Ruthen werden dem Gemeindebezirke von Stift Königslutter beigelegt.

§. 13.

Die Waldungen der Gemeinde Sunstedt im Elme zu 571 Waldmorgen 88 ☐Ruthen, sowie die der Kirche daselbst zu 9 Waldmorgen 81 ☐Ruthen, werden dem Gemeindebezirke von Sunstedt zugelegt.

§. 14.

Folgende Grundstücke:

1) die Räbker Gemeindewaldung zu 560 Waldmorgen 146 ☐Ruthen,

2) der Herrschaftliche Forstort Bärenwinkel des Reviers Kunstedt zu 50 Waldmorgen 139 ☐Ruthen und

3) das Forstdienstgehöft zum Brunsleberfelde nebst dem daneben befindlichen Gartenlande von 2 Feldmorgen 10 ☐Ruthen, nördlich des Weges von Räbke nach Eitzum,

gehören dem Gemeindebezirke von Räbke an.

§. 15.

Die Lelmer Gemeindewalbung zu 1328 Walbmor=
gen 145 ☐Ruthen wird dem Gemeindebezirke von Lelm
beigelegt.

§. 16.

Der in Ackerland umgewandelte Forstort Süpplin=
gerhagen, circa 330 Walbmorgen groß, wird dem zu einer
besonberen Gemeinde zu constituirenden Vorwerke Schi=
ckelsheim zugelegt.

§. 17.

Die am Teckenberge im Elze belegenen Gebäude der
Kohlengrube „Prinz Wilhelm" nebst zwei Felbmorgen
Wiesen daneben in der s. g. Trift befindlichen Ackerlan=
des und die Marnitz'sche Ziegelei daselbst, einschließlich
der 2½ Felbmorgen Areal, worauf sie gebauet ist, deren
Bewohner bisher als im Kirchen= und Schulverbande
von Runstedt stehend, betrachtet sind, werden rücksichtlich
des Gemeinde=, Kirchen= und Schulverbandes der Ort=
schaft Wolsdorf beigelegt.

§. 18.

Nachstehende, bisher zum Forstorte Kuhlager des
Runstebter Reviers gehörende, von diesem durch den von
Frellstebt nach der Braunschweiger Heerstraße führenden
Communicationsweg getrennte und im Jahre 1858 ver=
kaufte Parcelen, als:

a. 1 Felbmorgen 29 ☐Ruthen am Teichsberge, von
dem Halbspänner Tiemann in Frellstebt erkauft;

b. 3 Feldmorgen 97 ☐Ruthen am Elzberge, vom
Tischlermeister Schünemann daselbst erkauft,

c. 3 Feldmorgen 33 ☐Ruthen daneben, vom Anbauer
Hobohm daselbst erkauft,

d. 3 Feldmorgen 110 ☐Ruthen daneben, vom Koth=
saffen Schaper in Süpplingen erkauft,

welche unmittelbar an die Frellstedter Feldmark grenzen,
werden mit dieser vereinigt.

Alle, die es angeht, haben sich hienach zu achten.

Urkundlich Unserer Unterschrift und beigedruckten
Herzoglichen Geheime = Canzlei = Siegels.

Braunschweig, den 28. August 1860.

(*L. S.*)

Auf Höchsten Special=Befehl.

Langerfeldt.   von Campe.

Gesetz- und Verordnungs-Sammlung.

№ 28.

Braunschweig, den 21. September 1860.

Gesetz, die Bildung von Gemarkungen und die Feststellung der Gemeindebezirks = Angehörigkeit einzeln belegener Grundstücke im Amtsbezirke Vorsfelde betreffend.

d. d. Braunschweig, den 28. August 1860.

Von Gottes Gnaden, Wir, Wilhelm, Herzog zu Braunschweig und Lüneburg rc.

erlassen in Gemäßheit der §§. 8, 9 und 10 der Landgemeindeordnung vom 19. März 1850 mit Zustimmung des Ausschusses der Landesversammlung die nachfolgenden gesetzlichen Bestimmungen.

§. 1.

Im Amtsbezirke Vorsfelde werden folgende acht Forstgemarkungen, als:

1) die Bahrdorfer Forstgemarkung,
2) die Forstgemarkung Bünne,
3) die Neuhäuser Forstgemarkung I,

4) die Neuhäuser Forstgemarkung II

5) die Neuhäuser Forstgemarkung III,

6) die Neuhäuser Forstgemarkung IV,

7) die Giebel-Forstgemarkung,

8) die Rühensche Forstgemarkung,

gebildet.

§. 2.

Die Bahrdorfer Forstgemarkung besteht aus nachstehenden Herrschaftlichen Forstorten des Reviers Bahrdorf:

a. Steinberg,

b. Steinberg an der Wohlbmühle,

c. Kökenwinkel,

d. Heistern, einschließlich des in Folge der Bahr=
dorfer Separation zur Forst gezogenen Neudorfer
Feldes,

e. Bornstedter Berg,

zu insgesammt 1489 Waldmorgen 85 □Ruthen, und
wird im Süden und Südosten durch die Mackendorfer,
im Osten durch die Salsdorf=Altonaer, im Norden durch
die Bahrdorfer und im Westen durch die Rickensdorfer
Feldmark begrenzt.

§. 3.

Der zwischen den Feldmarken Papenrode und Bahr=
dorf belegene Herrschaftliche, zum Reviere Bahrdorf ge-

hörige Forstort Bünne zu 134 Waldmorgen 40 ☐Ru=
then bildet die Forstgemarkung Bünne.

§. 4.

Die Neuhäuser Forstgemarkung I. umfaßt nachste=
hende im Neuhäuser Reviere belegene Herrschaftliche Forst=
orte, als:

    a. den Drömling einschließlich der zur Wiesen-Cul=
       tur verpachteten Flächen zu 1016 Waldmorgen
       53 ☐Ruthen,

    b. die Schmalehorst zu 62 Waldmorgen 34 ☐Ru=
       then und den zwischen beiden liegenden Hütten=
       camp,

sowie

    c. die durch die neue Aller vom Danndorfer Dröm=
       linge getrennten Danndorfer Wiesen,

und wird im Norden durch das Danndorfer und Graf=
horster Gemeindeholz, im Osten durch die Grafhorster,
im Süden durch die Danndorfer und Vorsfelder und im
Westen durch die Vorsfelder Feldmark begrenzt.

§. 5.

Die Neuhäuser Forstgemarkung II. besteht aus den
im Neuhäuser Reviere belegenen Herrschaftlichen Forst=
orten:

    a. Buchberg,

b. Wolfskuhlengehäge, und

c. Teufelsküche,

zu insgesammt 241 Waldmorgen 57 □Ruthen. Dieselbe wird im Westen und Norden durch die Vorsfelder Weide, im Nordosten und Osten durch die Vorsfelder und Danndorfer Wiesen, sowie durch die Danndorfer Weide und im Süden durch die Feldmarken von Danndorf und Neuhaus begrenzt.

§. 6.

Die im Neuhäuser Reviere belegenen herrschaftlichen Forstorte Gr. Brand und Bülten zu 262 Waldmorgen 128 □Ruthen bilden die Neuhäuser Forstgemarkung III., welche im Süden, Westen und Norden von der Danndorfer Feldmark und im Nordosten und Osten von den Velpker, Grashorster und Büstedter Wiesen resp. Forsten umschlossen wird.

§. 7.

Die Neuhäuser Forstgemarkung IV. besteht aus nachstehenden im Reviere Neuhaus belegenen herrschaftlichen Forstorten:

a. Langeberg,

b. Buchenberg,

c. Ziegeleigehäge,

d. Ziegenfelsgehäge,

e. Wüstegehäge, und

f. Altegehäge,

zu 683 Waldmorgen 19 ☐Ruthen und wird im Süden durch die Hehlinger Forst und Weide, im Westen und Norden durch die Feldmark Neuhaus, im Nordosten und Osten durch die Dannborfer Feldmark und im Südosten durch die Wüstedter Forst begrenzt.

§. 8.

Die Giebel-Forstgemarkung wird gebildet aus den im Vorsfelder Reviere belegenen Herrschaftlichen Forstorten:

a. große und kleine Moor, einschließlich der im Wege der Separation acquirirten Bergfelder und Ahnebecker Drömlingstheile und Wiesen,

b. Giebelberg, mit Einschluß der Dienstgrundstücke des Revierforstbeamten zum Giebel, zu insgesammt 3002 Waldmorgen 45 ☐Ruthen,

und im Nordosten und Osten durch die Hannoversche, und im Südosten durch die Preußische Landesgrenze, im Süden durch den Parsauer Drömling, im Südwesten durch die Rühensche und im Nordwesten durch die Parsauer Feldmark umschlossen.

Das Forstdienstgehöft zum Giebel gehört dem Gemeindebezirke von Parsau an. (cf. §. 11).

§. 9.

Die Rühensche Forstgemarkung wird aus dem im Vorsfelder Reviere bei Rühen belegenen Herrschaftlichen Forstorte Drömling zu 504 Waldmorgen 158 ☐Ruthen gebildet und im Norden und Westen durch die Feldmark Rühen, im Süden durch die Feldmark Brechtorf und im Osten durch den Grafhorster Drömling begrenzt.

§. 10.

Die im Forstreviere Vorsfelde belegenen Herrschaftlichen Forstorte Jonick zu 340 Waldmorgen 107 ☐Ruthen und Schnacbel zu 84 Waldmorgen 132 ☐Ruthen werden dem Gemeindebezirke von Rühen beigelegt.

§. 11.

Mit dem Forstdienstgehöfte zum Giebel gehören die im unmittelbaren Anschlusse an dasselbe belegenen Gärten zu 1 Feldmorgen 109 ☐Ruthen dem Gemeindebezirke von Parsau an.

§. 12.

Der im Neuhäuser Reviere belegene Herrschaftliche Forstort Rieden zu 88 Waldmorgen 91 ☐Ruthen wird dem Gemeindebezirke von Vorsfelde zugelegt.

Alle, die es angeht, haben sich hiernach zu achten.

Urkundlich Unserer Unterschrift und beigedruckten Herzoglichen Geheime-Canzlei-Siegels.

Braunschweig, den 28. August 1860.

(*L. S.*)

Auf Höchsten Special-Befehl.

Langerfeldt.   von Campe.

Gesetz- und Verordnungs-Sammlung.

№ 29.

Braunschweig, den 21. September 1860.

Gesetz, die Bildung von Gemarkungen und die Feststellung der Gemeinde-Bezirks-Angehörigkeit einzeln belegener Grundstücke im Amtsbezirke Helmstedt betreffend.
d. d. Braunschweig, den 28. August 1860.

Von Gottes Gnaden, Wir **Wilhelm,** Herzog zu Braunschweig und Lüneburg ꝛc. ꝛc.

erlassen in Gemäßheit der §.§. 8, 9 und 10 der Landgemeinde-Ordnung vom 19. März 1850, sowie des §. 6 der revidirten Städteordnung von demselben Tage mit Zustimmung des Ausschusses der Landesversammlung die nachfolgenden gesetzlichen Bestimmungen:

§. 1.

Im Amtsbezirke Helmstedt werden folgende vier Gemarkungen, als:

1) die Helmstedter Forstgemarkung,
2) die Marienthaler Forstgemarkung,
3) die Elz-Forstgemarkung,
4) die Wohld-Gemarkung,

gebildet.

§. 2.

Die Helmstedter Forstgemarkung besteht aus:

a. den Herrschaftlichen Forsten des Reviers Helmstedt 5430 Waldmorgen 102 ▢Ruthen groß,

b. der Helmstedter Stadtwaldung „Harkling" 417 Waldmorgen 124 ☐Ruthen groß,

c. der Büddenstedter Gemeindewaldung „große Büddenstedter Wald" 442 Waldmorgen 153 ☐Ruthen groß und

d. der zum Forstdienstgehöfte zur Mesekenheide gehörenden 5 Waldmorgen 151 ☐Ruthen großen Dienstländerei, mit Ausnahme des Dienstgartens und der Dienstwiese,

und wird im Osten und Süden durch die Landesgrenze, im Westen durch die Helmstedter und Emmerstedter Feldmark und im Norden durch die Marienthaler Forstgemarkung umschlossen.

§. 3.

Die sämmtlichen 4118 Waldmorgen 51 ☐Ruthen Herrschaftlicher Forsten des Reviers Marienthal bilden die Forstgemarkung „Marienthal," welche im Nordosten und Osten durch die Querenhorster und Graslebser Feldmark, sowie durch die Landesgrenze, im Süden durch die Helmstedter Forstgemarkung, im Westen durch die Feldmarken von Emmerstedt, Barmke, Marienthal und Rottorf, sowie durch die Königlich Hannoverschen Forsten und im Norden durch die Papenrober und Querenhorster Feldmarken begrenzt wird.

§. 4.

Die Elz-Forstgemarkung besteht aus dem zum Reviere Runstedt gehörenden Herrschaftlichen Forstorte Elz, 1521 Waldmorgen 16 ☐Ruthen haltend und dem darin belegenen Runstedter Kirchenholze zu 6 Waldmorgen 5 ☐Ruthen. Dieselbe wird im Osten durch die Helmstedter, im Süden durch die Runstedter und Wolsdorfer, im Westen durch die Wolsdorfer, Frellstedter und Süppplinger und im Norden durch die Emmerstedter und Helmstedter Feldmark begrenzt.

Die in dieser Gemarkung am Teckenberge belegenen Gebäude der Kohlengrube Prinz Wilhelm nebst 2 Morgen daneben in der sog. Trift befindlichen Ackerlandes und die Marnitz'sche Ziegelei daselbst, einschließlich der 2 Feldmorgen 40 ☐Ruthen Areal, worauf dieselbe erbauet ist, gehören dem Gemeindebezirke von Wolsdorf an. (conf. §. 17 des Gesetzes vom heutigen Tage: die Bildung von Gemarkungen und die Feststellung der Gemeinde-Bezirks-Angehörigkeit einzeln belegener Grundstücke im Amtsbezirke Königslutter betreffend.)

§. 5.

Die Wohldgemarkung umfaßt die der Königlich Preußischen Gemeinheit Döhren in unmittelbarem Anschlusse an die Feldmark dieses Dorfes bei der Marienthaler Wohldtheilung zugefallene, 387 Waldmorgen 75 ☐Ruthen haltende Weideabfindung, bestehend aus

a. dem Hengstbleeke,
b. dem Steinberge,
c. dem Märtensgehäge
   und
d. dem Barnstorfer Wohlde.

§. 6.

Das Forstdienstgehöft zur Mesekenhalbe nebst dem 90 ☐Ruthen großen Garten und die am Forstorte Burgberg belegene, früher zum Kloster St. Ludgeri gehörige 3 Feldmorgen 104 ☐Ruthen große Dienstwiese gehören dem Gemeindebezirke der Stadt Helmstedt an.

§. 7.

Die untere Holzmühle nebst Zubehör, insbesondere der aus Herrschaftlicher Forst dazu gelegten Weideabfindung von 15 Feldmorgen, die obere Holzmühle nebst Zubehör, insbesondere der aus Herschaftlicher Forst dazu gelegten Weideabfindung von 18 Feldmorgen und der Gesundbrunnen nebst Zubehör an Aeckern und Wiesen gehö-

ren gleichfalls dem Gemeinde-Bezirke der Stadt Helmstedt an.

§. 8.

Die der Preußischen Fleckengemeinde Walbeck, der
Preußischen Stadtgemeinde Weferlingen und der Preußischen Gemeinheit Döhren bei der Marienthaler Wohlbtheil-
lung im Spellersieke ausgewiesenen Weibeabfindungen
von resp. 51 Feldmorgen 68 □Ruthen, 17 Feldmorgen
54 □Ruthen und 4 Waldmorgen 110 □Ruthen, welche
von der Grasleber Feldmark und der Marienthaler Forstgemarkung begrenzt werden, werden dem Gemeinde-Bezirke von Grasleben zugelegt.

Alle, die es angeht, haben sich hiernach zu achten.

Urkundlich unsrer Unterschrift und beigedruckten Herzoglichen Geheime-Canzlei-Siegels.

Braunschweig, den 28. August 1860.

(*L. S.*)

Auf Höchsten Special-Befehl.

Langerfeldt.   von Campe.

Gesetz- und Verordnungs-Sammlung
№ 30.

Braunschweig, den 21. September 1860.

Gesetz, die Bildung von Gemarkungen und die Feststellung der Gemeinde-Bezirks-Angehörigkeit einzeln belegener Grundstücke im Amtsbezirke Schöningen betreffend.
d. d. Braunschweig, den 28. August 1860.

Von Gottes Gnaden Wir, **Wilhelm**, Herzog zu Braunschweig und Lüneburg ꝛc. ꝛc.

erlassen in Gemäßheit der §.§. 8, 9 und 10 der Landgemeinde-Ordnung vom 19. März 1850, sowie des §. 6 der revidirten Städtordnung von demselben Tage mit Zustimmung des Ausschusses der Landesversammlung die nachfolgenden gesetzlichen Bestimmungen:

§. 1.

Im Amtsbezirke Schöningen werden folgende vier Gemarkungen, als:

1) die Schöninger Forstgemarkung,
2) die Elz-Forstgemarkung,
3) die Gemarkung Wulfersdorf,
4) die Gemarkung Allenackerfeld,

gebildet.

§. 2.

Die Schöninger Forstgemarkung besteht aus:

a. sämmtlichen Herrschaftlichen Forsten des Reviers

Schöningen zu 2614 Waldmorgen 127 ☐Ru=
then,

b. der Schliestedter Gutsforst zu 249 Waldmorgen
77 ☐Ruthen,

c. den Gemeindewaldungen von Dobbeln und Söl-
lingen zu resp. 106 Waldmorgen 100 ☐Ruthen
und 47 Waldmorgen 148 ☐Ruthen,

d. der Schöninger Rathswaldung zu 539 Waldmor=
gen 149 ☐Ruthen,

e. der im Forstorte Kreithorn belegenen Wiese des
Klostergutes Wobeck zu 5 Waldmorgen 159 ☐Ru=
then,

und wird im Norden durch die Räbker und Warberger,
im Nordosten durch die Warberger und Esbecker, im
Osten durch die Schöninger, im Süden durch die Twieflinger, Wobecker und Voigtsdahlumer Feldmarken und im
Westen durch den Amtsbezirk Schöppenstedt begränzt.

§. 3.

Die Eiz-Forstgemarkung wird aus den Herrschaftlichen Forsten am Eize zu 333 Waldmorgen 64 ☐Ru=
then und der daran belegenen Alversdorfer Gemeindeforst
zu 19 Waldmorgen 11 ☐Ruthen gebildet, welche Flä-
chen von den Feldmarken von Runstedt, Esbeck, Warberg
und Wolsdorf umschlossen werden.

§ 4.

Die Gemarkung Wulfersdorf umfaßt die 806 Feldmorgen 33 ☐Ruthen haltende unmittelbar an der Landesgrenze belegene Feldmark des Königl. Preußischen Dorfes Wulfersdorf.

§. 5.

Die Gemarkung Allenackerfeld besteht aus der an der
Königl. Preußischen Landesgrenze belegenen, ein Areal
von 338 Feldmorgen 36 ☐Ruthen umfassenden Acker-
fläche, Allenackerfeld genannt, wovon jetzt 310 Morgen

89 ☐Ruthen Zubehör des Rittergutes Küchenhof in Braunschweig sind und 27 Morgen 67 ☐Ruthen dem Koth-
saffen Heinrich Holste in Büddenstedt gehören.

§. 6.

Das Runstedter Gemeindeholz am Elze zu 118 Waldmorgen 2 ☐Ruthen wird mit dem Gemeindebezirke von
Runstedt verbunden.

§. 7.

Die Esbecker Gemeindewaldung zu 635 Waldmorgen 98 ☐Ruthen, das Esbecker Kirchenholz zu 54 Waldmorgen 139 ☐Ruthen und die Esbecker Gutswaldung
am Elme werden dem Gemeindebezirke von Esbeck beigelegt.

§. 8.

Die Twieflinger Gemeindewaldung am Elme zu
59 Waldmorgen 80 ☐Ruthen soll einen Theil des Gemeindebezirks von Twieflingen bilden.

§. 9.

Die Wobecker Gemeindewaldung zu 96 Waldmorgen wird dem Gemeindebezirke von Wobeck zugelegt.

§. 10.

Der zum Runstedter Reviere gehörende Forstort
„Kurze Holz" zu 146 Waldmorgen 139 ☐Ruthen soll
einen Theil der Feldmark von Büddenstedt bilden.

§. 11.

In Betreff des Jerxheimer Holzes № I., des
Jerxheimer Holzes № II. und der Interessentschaftswal-
dung von Jerxheim und Ingeleben wird demnächst gesetzliche Bestimmung erfolgen.

Alle, die es angeht, haben sich hiernach zu achten.

Urkundlich Unserer Unterschrift und beigedruckten Herzoglichen Geheime-Canzlei-Siegels.

Braunschweig, den 28. August 1860.

(L. S.)

Auf Höchsten Special-Befehl.

Langerfeldt.   von Campe.

Geſetz= und Verordnungs=Sammlung.
№ · 31.

Braunſchweig, den 21. September 1860.

Geſetz, die Bildung von Gemarkungen und die Feſtſtellung der Gemeinde=Bezirks=Angehörigkeit einzeln belegener Grundſtücke im Amtsbezirke Calvörde betreffend.
d. d. Braunſchweig, den 28. Auguſt 1860.

Von Gottes Gnaden, Wir, Wilhelm, Her=zog zu Braunſchweig und Lüneburg ꝛc.

erlaſſen in Gemäßheit der §§. 8, 9 und 10 der Land=gemeinde=Ordnung vom 19. März 1850, mit Zuſtim=mung des Ausſchuſſes der Landesverſammlung, die nach=folgenden geſetzlichen Beſtimmungen:

§. 1.

Im Amtsbezirke Calvörde werden folgende fünf Ge=markungen gebildet:

1) die Forſtgemarkung in den Calvörber Bergen,
2) die Forſtgemarkung Rantenhorſt,
3) die Forſtgemarkung Iſernhagen,
4) die Forſtgemarkung Born,
5) die Gemarkung Wieglitz.

§. 2.

Die Forſtgemarkung in den Calvörber Bergen be=ſteht aus:

a. sämmtlichen Herrschaftlichen Forsten in den Cal=
vörder Bergen,

b. den Herrschaftlichen Forstorten Grimps und Schier=
holz,

zu insgesammt 3128 Waldmorgen 27 ☐Ruthen und
wird im Nordwesten und Norden durch die Calvörder
Feldmark, im Osten durch den Ohrefluß, die Landesgrenze
und die Wieglitzer Weideabfindung (cf. §. 6) und im
Süden und Südwesten durch die Calvörder Feldmark und
die Landesgrenze umschlossen.

§. 3.

Die Forstgemarkung Rantenhorst wird gebildet aus

a. den Herrschaftlichen Forstorten Rohrberg und Ran=
tenhorst zu 463 Waldmorgen 113 ☐Ruthen,

b. dem Herrschaftlichen Forstorte Schwalekenschwanz
zu 93 Waldmorgen 106 ☐Ruthen,

c. den zwischen beiden letztgenannten Forstorten be=
legenen Wiesen zu 14 Waldmorgen 57 ☐Ruthen,

und im Osten durch die Feldmarken von Lössewitz, Zobbenitz
und Uthmöden, im Süden durch die Feldmark von Uth=
möden, im Westen durch den Ohrefluß und im Norden durch
die Calvörder und die Lössewitzer Feldmarken begrenzt.

§. 4.

Der in dem Calvörder Reviere belegene Herrschaft=
liche Forstort Isernhagen zu 324 Waldmorgen 98 ☐Ru=
then bildet die Forstgemarkung Isernhagen, welche im
Norden, Osten und Süden von der Calvörder, und im
Westen von der Velsdorfer Feldmark umschlossen wird.

§. 5.

Die Forstgemarkung Born wird aus den sämmtli=
chen bei Born belegenen Herrschaftlichen Forstorten —
Bruch, Born, Müntz, Dorfstelle und Horst — zu insge=
sammt 1492 Waldmorgen 131 ☐Ruthen, und aus den,
zur Forstdienststelle zum Born gehörenden Aeckern und

Wiesen, zu insgesammt 25 Waldmorgen 80 ☐Ruthen, gebildet. Dieselbe ist begrenzt: im Norden und Nordosten durch das Königlich Preußische Territorium, im Westen durch die Dorster Forsten, im Süden durch das Königlich Preußische Territorium, die Weideabfindung der Gemeinde Uthmöden und die Uthmödener Feldmark. —

Das Forstdienstgehöft „zum Born" gehört dem Gemeindebezirke von Uthmöden an. (cf. §. 7.)

§. 6.

Die Gemarkung Wieglitz umfaßt die der Königlich Preußischen Ortschaft Wieglitz in Anschluß an deren Feldmark aus den Calvörder Bergen zugefallene Weideabfindung zu 230 Waldmorgen.

§. 7.

Mit dem Forstdienstgehöfte „zum Born" gehören die unmittelbar an dasselbe grenzenden Gärten zu 2 Feldmorgen 87 ☐Ruthen dem Gemeindebezirke von Uthmöden an.

§. 8.

Die aus dem Forstorte Rohrberg entnommenen Herrschaftlichen Wiesen bei der Wannewehmühle zu 85 Feldmorgen 101 ☐Ruthen sollen einen Theil des Gemeindebezirks von Calvörde bilden.

Alle, die es angeht, haben sich hiernach zu achten.

Urkundlich Unsrer Unterschrift und beigedruckten Herzoglichen Geheime-Canzlei-Siegels.

Braunschweig, den 28. August 1860.

(*L. S.*)

Auf Höchsten Special-Befehl.

Langerfeldt.   **von Campe.**

Gesetz= und Verordnungs=Sammlung.

№ 32.

Braunschweig, den 21. September 1860.

Gesetz, die Verbindlichkeit Gewerbetreibender, für die von ihren Dienern ꝛc. verwirkten Steuerstrafen zu haften, betreffend.

d. d. Braunschweig, den 12. September 1860.

Von Gottes Gnaden, Wir Wilhelm, Herzog zu Braunschweig und Lüneburg ꝛc. ꝛc.

Wir erlassen mit Zustimmung des damit beauftragten Ausschusses der Landesversammlung folgendes Gesetz:

§. 1.

Der §. 72 des Gesetzes vom 21. December 1841, № 23, VI., wegen Erhebung und Controlirung der Branntweinsteuer, der §. 37 des Gesetzes von demselben Tage, № 23, VII, wegen Besteuerung des Braumalzes, der §. 22 des Gesetzes von demselben Tage № 23, VIII., die Steuer vom inländischen Taback betreffend, und der § 28 des Gesetzes vom 24. August 1846, № 29, die Besteuerung des im Inlande erzeugten Rübenzuckers betreffend werden aufgehoben.

An deren Stelle treten folgende Bestimmungen:

§. 2.

Wer Brauerei als Gewerbe, Branntweinbrennerei, Tabacksbau oder Rübenzuckerfabrikation betreibt, oder für seine Rechnung betreiben läßt, muß für sein Gesinde, seine Diener, Gewerbsgehülfen und seine im Hause befindliche

Ehegattin, Kinder und Anverwandte rücksichtlich der we=
gen Verletzung der Gesetze über die Braumalz=, Brannt=
wein=, Tabacks= und Rübenzucker=Steuer verhängten Defrau=
dationsstrafen, sofern sie in Geldbußen bestehen, mit sei=
nem Vermögen haften. Dasselbe gilt von den Gefällen,
zu deren Zahlung eine der vorgedachten Personen wegen
einer Zuwiderhandlung der genannten Art verurtheilt wor=
den ist.

Rücksichtlich der verwirkten Contraventionsstrafen tritt
dieselbe Haftungsverbindlichkeit ein; es kann jedoch im
Falle mehrerer oder wiederholter Contraventionen der=
selben Art bei gleichzeitiger Entdeckung die Contraventions=
strafe gegen den subsidiarisch Verpflichteten, gleichwie ge=
gen die eigentlichen Thäter oder Theilnehmer, nur in dem
einmaligen Betrage festgesetzt werden.

§. 3.

Der Steuerverwaltung bleibt in dem Falle, wenn
die Geldbuße von dem Verurtheilten nicht beigetrieben
werden kann, vorbehalten, die Geldbuße von dem subsi=
diarisch Verhafteten einzuziehen, oder statt dessen und mit
Verzichtung hierauf die im Unvermögensfalle an die Stelle
der Geldbuße tretende Freiheitsstrafe sogleich an dem An=
geschuldigten vollstrecken zu lassen, ohne daß letztern Falls
die Verbindlichkeit des subsidiarisch Verhafteten rücksichtlich
der Gefälle dadurch aufgehoben wird.

Alle, die es angeht, haben sich hiernach zu achten

Urkundlich Unserer Unterschrift und beigedruckten Her=
zoglichen Geheime=Canzlei=Siegels

Braunschweig, den 12. September 1860.

(L. S.)

Auf Höchsten Special = Befehl.

von Geyso.   Langerfeldt.   von Campe.

Gesetz- und Verordnungs-Sammlung.

№. 33.

Braunschweig, den 27. October 1860.

Gesetz, die Errichtung von Erbverträgen betreffend.
d. d. Braunschweig, den 16. October 1860.

Von Gottes Gnaden, Wir, Wilhelm, Herzog zu Braunschweig und Lüneburg ꝛc.

Um den Nachtheilen, welche aus der Errichtung ohne Förmlichkeiten, insbesondere mündlich, abgeschlossener Erbverträge für die Rechtssicherheit eintreten können, vorzubeugen, erlassen Wir, mit Zustimmung des Ausschusses der Landesversammlung, das nachstehende Gesetz:

§. 1.

Erbverträge über den künftigen Nachlaß oder über einzelne Bestandtheile des künftigen Nachlaßes der Contrahenten oder eines derselben sind nichtig, wenn sie nicht vor Gericht oder vor Notar und Zeugen aufgenommen und geschlossen, oder wenn sie nicht unter Beobachtung der für schriftliche Testamente vorgeschriebenen Förmlichkeiten errichtet sind, und erzeugen daher, insoweit dieses nicht der Fall ist, weder ein Recht der Klage, noch der Einrede.

§. 2.

Gleiche Vorschriften gelten für Verträge über den künftigen Nachlaß oder über einzelne Bestandtheile des künftigen Nachlaßes dritter Personen.

§. 3.

Diejenigen Verträge über die in den §§. 1 und 2 bemerkten Gegenstände, welche vor dem Tage, mit dem dieses Gesetz in Kraft tritt, in anderen als in den §. 1 bezeichneten Formen für die Parteien rechtsverbindlich eingegangen sind, werden nichtig und gewähren nicht ferner das Recht der Klage und Einrede, insoweit sie nicht spätestens innerhalb sechs Monaten von dem Tage an, mit welchem dieses Gesetz in Kraft tritt, nach den im §. 1 vorgeschriebenen Formen errichtet werden, oder insofern nicht binnen jener Frist aus ihnen Klage auf Errichtung in diesen Formen erhoben ist.

Alle, die es angeht, haben sich hiernach zu achten.

Urkundlich Unsrer Unterschrift und beigedruckten Herzoglichen Geheime-Canzlei-Siegels.

Braunschweig, den 16. October 1860.

(*L. S.*)

Auf Höchsten Special-Befehl.

von Geyso. Langerfeldt. von Campe.

Gesetz- und Verordnungs-Sammlung.

№ 34.

Braunschweig, den 7. November 1860.

Bekanntmachung der Herzogl. Eisenbahn= und. Postdirection, wegen Abänderung resp. Ergänzung des Postmeilenzeigers.
d. d. Braunschweig, den 26. October 1860.

Nachdem in Folge einer Communication mit der Herzoglichen Baudirection resp. nach Vereinbarung mit der Königlich Hannoverschen Ober=Postbehörde die Ent=fernungen der Poststraßen

1) zwischen Braunlage und Lauterberg zu 2½ Meilen.
2) » Eschershausen und Hameln zu 4¼ »
3) » Kreiensen (Bahnhof) u. Mühlenbeck zu 1 Meilen.
4) » » » » Mainzholzen » 2¼ »
5) » » » » Eschershausen» 3½ »
6) » » » » Stadtoldendorf zu 4 »
7) » Lutter a. Bbge. und Bockenem zu 1¾ Meilen.
8) » » » Langelsheim» 1¼ »
   (direct.)
9) » » » Langelsheim» 1¾ »
   (per Neukrug.)
10) » Mühlenbeck » Greene » ¾ »

festgesetzt sind, wird solches mit Genehmigung des Herzoglichen Staatsministeriums in Abänderung resp. Ergänzung
des durch № 11 der Gesetz- und Verordnungssammlung
vom 16. März 1859 publicirten Post-Meilenzeigers, nach
welchem das Postgeld für Extraposten, Couriere und Estaf-
fetten zu erheben ist, hierdurch bekannt gemacht.

Braunschweig, den 26. October 1860.

Herzoglich Braunschweig-Lüneburgische Eisenbahn- und Postdirection.

von Amsberg.

Gesetz- und Verordnungs-Sammlung.

№ 35.

Braunschweig, den 21. November 1860.

Privilegium für den Dr. August Seyferth hieselbst.
d. d. Braunschweig, den 7. November 1860.

Die Herzoglich Braunschweig-Lüneburgische Kreis-Direction Braunschweig

fügt hiemit zu wissen:

Demnach durch Rescript des Herzoglichen Staats-Ministeriums vom 20. v. Mts., № 9546, dem Dr. August Seyferth von hier auf die alleinige Anwendung eines von ihm erfundenen, durch Beschreibung nachgewiesenen, neuen Systems zum Reinigen von Rüben-Syrupen ein Patent für das hiesige Land auf die Dauer von 5 Jahren — ohne jedoch Jemand in der Anwendung bereits bekannter Theile der fraglichen Erfindung dadurch zu beschränken — gewährt ist, so wird darüber gegenwärtige Verleihungs-Urkunde ertheilt.

Zur Urkunde dessen ist dieses Privilegium mit dem Kreis = Directions = Siegel versehen, und durch die daneben gesetzte Unterschrift vollzogen.

So geschehen Braunschweig, den 7. Novbr. 1860.

(L. S.)   (gez.) A. Culemann.

Geſetz- und Verordnungs-Sammlung.

№. 36.

Braunſchweig, den 21. November 1860.

Verordnung, die Berufung des zehnten ordentlichen Land-
tages betreffend.

d. d. Braunſchweig, den 14. November 1860.

Von Gottes Gnaden, Wir, Wilhelm, Herzog zu Braunſchweig und Lüneburg ꝛc.

fügen hiemit zu wiſſen:

Da Wir beſchloſſen haben den 10. ordentlichen Landtag zu berufen, ſo verordnen Wir hierdurch, daß die Mitglieder der Landes-Verſammlung ſich

Mittwochs, den 12. December d. J.,

in Unſerer Reſidenzſtadt Braunſchweig einzufinden haben,
um das Legitimationsverfahren in Gemäßheit der Ge-
ſchäftsordnung, zu beginnen und werden Wir demnächſt
wegen Eröffnung des Landtags das Weitere anordnen.

Alle, die es angeht, haben sich hiernach zu achten.

Urkundlich Unsrer Unterschrift und beigedruckten Her=
zoglichen Geheime=Canzlei=Siegels.

Braunschweig, den 14. November 1860.

(*L. S.*)

Auf Höchsten Special=Befehl.

von Geyso.   Langerfeldt.   von Campe.

Gesetz- und Verordnungs-Sammlung.

№ 37.

Braunschweig, den 30. November 1860.

Bekanntmachung, den Ursprungsnachweis des mit dem An-
spruche auf Zollbegünstigung nach Sardinien gehenden
zollvereinsländischen Branntweins betreffend.
d. d. Braunschweig, den 16. November 1860.

Nach dem Artikel II der mit der Verordnung vom
1. April d. J., № 10, publicirten Additional-Convention vom 28. October 1859, zu dem Handels- und
Schifffahrts-Vertrage vom 23. Juni 1845, zwischen den
Zollvereinsstaaten und Sardinien, sollen Sprit und
Branntweine zollvereinsländischen Ursprungs zu einem
ermäßigten Zollsatze in Sardinien zugelassen werden.

In Betreff der über den Ursprung zu ertheilenden
Zeugnisse — zu welchen ein Formular hierneben anliegt
— bringen wir in Gemäßheit Rescripts des Herzoglichen
Staatsministeriums vom 7. d. M. Folgendes zur öffentlichen Kunde:

1. Bei Sendungen zollvereinsländischer Branntweine
nach Sardinien, wenn dieselben zur See befördert
und in einem nicht zollvereinsländischen
Hafenplatze eingeschifft werden sollen, ist Behuf
Erlangung der Zollbegünstigung außer der Versicherung des Absenders (sub A. des Formulars) und

dem Ursprungs = Zeugnisse der Ortsbehörde (sub **B.**
des Formulars) noch die Bescheinigung des Aus=
ganges der Sendung in das Vereins=Ausland Sei=
tens des betreffenden vereinsländischen Zollamtes er=
forderlich (sub **C.** des Formulars).

Diese Ursprungsnachweisungen sind dem in dem
betreffenden Einschiffungsorte residirenden S a r d i n i=
s c h e n C o n s u l vorzulegen und von demselben zu
v i s i r e n, auch ist den Nachweisungen von den Ver=
sendern der Branntweine eine i t a l i e n i s c h e, oder
wo dies Schwierigkeiten finden sollte, wenigstens eine
f r a n z ö s i s c h e Uebersetzung beizugeben.

2. Für die Sendungen zur See über z o l l v e r e i n s=
l ä n d i s c h e Häfen kommen, da für solche nächst der
Anmeldung (resp. Versicherung) des Absenders noch
die Ursprungsbescheinigung der Ortsbehörde erforder=
lich ist, die in der Anlage sub **A.** und **B.** formulir=
ten Erklärungen ganz eben so, wie dieselben hierin
gefaßt sind, zur Anwendung. Die Erklärung sub **C.**
fällt für diese Beförderungsart ganz weg, es muß
jedoch in dem zollvereinsländischen Einschiffungsplatze
noch die Ursprungsbescheinigung Seitens des dortigen
Sardinischen Consuls hinzutreten.

3. Für die Sendungen zu L a n d e ist außer der An=
meldung (resp. Versicherung) des Absenders über=
haupt nur noch die Ursprungsbescheinigung der Orts=
behörde erforderlich. Es sind daher für diese Beför=
derungsart (gleichfalls mit Weglassung der Erklä=
rung sub **C.** des Formulars) die in der Anlage sub
A und **B.** formulirten Erklärungen mit der Maßgabe

anwendbar, daß sub A. statt der Worte: „zur See" gesetzt wird: „zu Lande."

Braunschweig, den 16. November 1860.

Herzoglich Braunschweig-Lüneburgische Zoll- und Steuer-Direction.

von Thielau.

Ursprungs=Zeugniß.

A. Anmeldung.

Der Unterzeichnete . . . . , wohnhaft
zu . . . . im . . . . , erklärt
hiermit, den nach Gebinbezahl, Menge und Alkoholgehalt nachstehend näher
beclarirten Branntwein:

Bezeichnung der einzelnen Gebinde.		Inhalt.	
Laufende Nummer.	Marke und Nummer.	Menge. Quart.	Alkoholgehalt nach Tralles. Prozent.

zur See in das Königreich Sardinien einführen zu wollen.

Zugleich versichert derselbe, daß dieser Branntwein Erzeugniß der
Zollvereinsstaaten ist.

. . . . , den . . ten . . . . 186 . .

Unterschrift.

B. Beglaubigung des Ursprungs.

Daß der vorstehend bezeichnete Branntwein aus dem freien Verkehr
des Zollvereins abstammt und gegen den vereinsländischen Ursprung des=
selben kein Zweifel obwaltet, wird hiermit bescheinigt.

. . . . , den . . ten . . . . 186 . .

(Stempel.)   Firma der Ortsbehörde.

Unterschrift.

C. Bescheinigung des Ausganges.

Den richtigen Ausgang des vorstehend bezeichneten Branntweins be=
scheinigt das unterzeichnete Amt mit dem Bemerken, daß derselbe einer
Durchgangsabfertigung in den Zollvereinsstaaten nicht unterlegen hat.

. . . . , . . , den . . ten . . . . 186 . .

(Stempel.)   Firma des Zollamtes.

Unterschrift.

Gesetz- und Verordnungs-Sammlung.

№ 38.

Braunschweig, den 10. December 1860.

Gesetz, die Unterdrückung von Holzentwendungen zum Zwecke der Fabrikation von Zündhölzern betreffend. d. d. Braunschweig, den 27. November 1860.

Von Gottes Gnaden, Wir, **Wilhelm,** Herzog zu Braunschweig und Lüneburg zc.

Da die gegenwärtig den Forstbehörden zu Gebote stehenden Mittel nicht ausreichen, die Forsten solcher Landestheile, in welchen Zündholz-Fabriken bestehen, gegen diejenigen Holzentwendungen und Frevel zu schützen, zu welchen die Fertigung von Zündhölzern Anreiz und Veranlassung giebt, so erlassen Wir, mit Zustimmung des Ausschusses der Landesversammlung, zur Ergänzung des Forststrafgesetzes vom 26. Juli 1837, das folgende Gesetz:

§. 1.

Gleichwie die Fabrikation von Zündhölzern gesetzlich durch Erlangung einer Gewerbe-Concession bedingt ist, so soll fortan die Befugniß zur Ausführung einzelner, für den Fabrikanten durch dritte Personen zu besorgenden Fabrikationsarbeiten — namentlich die Vorrichtung roher Zündhölzer, — insofern solche in andern, als den zur Fabrik gehörigen Räumen geschehen, von der Ertheilung eines durch die Ortspolizeibehörde des Wohnorts des betreffenden Arbeiters schriftlich, jedoch unentgeltlich, auszustellenden Erlaubnißscheines abhängig sein.

Ein solcher Erlaubnißschein darf von der Ortspolizeibehörde nur ertheilt werden:

1) auf Antrag eines inländischen Fabrikinhabers oder dessen legitimirten Vertreters,

2) an bestimmte, von demselben namentlich zu bezeichnende Personen und nur zu Arbeiten für die benannte Fabrik,

3) widerruflich,

4) nach vorgängiger Anhörung des zuständigen Revierforstbeamten und, wenn dieser mit Ertheilung des Erlaubnißscheines nicht einverstanden ist, mit Zustimmung der vorgesetzten Herzoglichen Kreisdirection.

Derselbe ist solchen Personen zu versagen, welche innerhalb der letztvorhergegangenen zwölf Monate wegen Holzentwendung, oder in Folge des §. 6 dieses Gesetzes wiederholt verurtheilt sind, beziehungsweise die desfallsige Strafe freiwillig erlegt haben.

§. 2.

Der Erlaubnißschein muß von der Ortspolizeibehörde für erloschen erklärt und zurückgenommen werden, wenn der Inhaber wegen wiederholter Entwendung solchen Holzes, welches zur Zündholz=Fabrikation sich eignet, oder wegen absichtlicher Uebertretung dieses Gesetzes rechtskräftig verurtheilt ist.

§. 3.

Die Ortspolizeibehörde hat von jeder Ertheilung und von jeder Zurückziehung eines Erlaubnißscheines dem betreffenden Revierforstbeamten und dem Fabrikinhaber sofort Anzeige zu machen.

§. 4.

Jeder Inhaber einer Zündholz=Fabrik ist verpflichtet, sowohl über den Erwerb derjenigen Holzvorräthe, welche zur Fabrikation von Zündhölzern geeignet sind, als über den im Wege des Handels erfolgenden Erwerb roher Zündhölzer,

unter Bezeichnung der Quantität und des Veräußerers,

binnen 24 Stunden nach dem Empfange der zuständigen Revierforstbehörde schriftliche Anzeige zu machen.

Strafe des Fabrik=Inhabers für die unterlassene oder mangelhafte Anzeige: 1 bis 10 ℳ.

§. 5.

Derjenige Inhaber einer Zündholzfabrik, welcher:

1) zur Fabrikation von Zündhölzern geeignetes Material erwirbt, ohne sich über den rechtmäßigen Besitz des Veräußerers vergewissert zu haben,

2) oder rohe Zündhölzer von solchen Arbeitern annimmt, welche zu deren Fertigung für seine Fabrik durch ortspolizeilichem Erlaubnißschein (§. 1.) nicht ermächtigt sind,

3) oder Arbeitern, welche für seine Fabrik mit ortspolizeilichen Erlaubnißscheine nicht versehen sind, Holz, um solches außerhalb der Fabrikstätte zu (rohen) Zündhölzern zu verarbeiten, übergiebt,

4) oder die für seine Fabrik mit Erlaubnißscheinen versehenen Arbeiter, vor Uebergabe von Holzmaterial zur Verarbeitung außerhalb der Fabrikstätte, nicht mit einem Contobuche versieht, in welchem, neben Bezeichnung der Fabrik und des Arbeiters,

die dem Letzteren zur Verarbeitung überlieferten einzelnen Holz-Quantitäten, mit Angabe des Tages der Hingabe, sowie der Quantitäten des zurückgegebenen verarbeiteten Holzes, mit Angabe des Rücklieferungstages, unter Beisetzung der Unterschrift des Fabrikinhabers, oder eines Geschäftsführers oder des Fabrikstempels zu verzeichnen sind,

5) oder die ad 4 erwähnten Einzeichnungen in das Contobuch nicht vorschriftsmäßig, oder nicht der Wahrheit getreu vornimmt,

— wobei in den geeigneten Fällen (Nris. 1 bis 5) der Fabrikinhaber für die Handlungen seiner Angehörigen und Untergebenen zu haften hat, —

verwirkt:

Strafe von 1 bis 10 ℳ, in den Fällen sub 1 und 2 neben Confiscation des Materials.

§. 6.

Wer mit einer Concession zum Betriebe einer Zündholz-Fabrik nicht versehen, Holz in seinem Gewahrsam hat, welches

entweder zu (rohen) Zündhölzern frisch verarbeitet, oder in der Verarbeitung zu solchen begriffen ist,

oder, nach seiner Beschaffenheit, zur Zündholz-Fabrikation sich eignet und in eine solche Form gebracht ist, welche die Verarbeitung zu (rohen) Zündhölzern erfordert und nicht nachzuweisen vermag, daß er auf rechtmäßige Weise in den Besitz des Materials gekommen sei,

verwirkt:

Strafe des dreifachen Werths, mindestens aber 1 ℳ, neben Confiscation des Materials.

§. 7.

Derjenige mit Erlaubnißschein der Ortspolizeibehörde

versehene Fabrikarbeiter, welcher außerhalb der Fabrikstätte Holz von der im §. 6 bezeichneten Beschaffenheit in seinem Gewahrsam hat, welches, auch wenn er dessen rechtmäßigen Besitz nachzuweisen im Stande sein sollte, doch nicht in seinem Contobuche (§. 5.) als ihm zur Verarbeitung überliefert bezeichnet ist,

vorbehältlich der nach §. 6 etwa verwirkten Strafe:
Geldbuße von 1 ℔.

§. 8.

Derjenige Fabrikarbeiter, welcher von ihm für die Fabrik verarbeitetes, oder zu verarbeitendes Holz transportirt, ohne sich durch Vorzeigung des Contobuchs beim Transporte sofort über dessen Besitz ausweisen zu können,

vorbehältlich der nach den vorstehenden §.§. etwa verwirkten Strafe:
Geldbuße von 1 ℔.

§. 9.

Der Revierforstbeamte, gleichwie dessen Vertreter, ist befugt, am Tage jederzeit in die Fabrik- und Lager-Räume der Zündholzfabrikanten sich zu begeben, um die Holzvorräthe zu verzeichnen, zu revidiren und mit dem Waldhammer zu zeichnen; auch ist jeder Fabrikinhaber verpflichtet, auf Verlangen der Beamten die Räume sofort zu öffnen oder öffnen zu lassen.
Geldbuße von 5 bis 10 ℔.

§. 10.

Jeder mit einem ortspolizeilichen Erlaubnißscheine (§. 1.) versehene Fabrikarbeiter ist verpflichtet, dem Revierforstbeamten, gleichwie dessen Vertreter, auf deren Verlangen während des Tages zu jeder Zeit seine Wohnungsräume zu öffnen, seine Holzvorräthe vorzuzeigen und sein

Fabrik-Contobuch (§. 5.) zur Einsicht und Vergleichung mit den Holzvorräthen vorzulegen:

Gelobuße von 1 bis 5 ℛ.

§. 11.

Wer, wegen einer Uebertretung dieses Gesetzes von einem inländischen Gerichte verurtheilt, innerhalb eines Jahres nach Eröffnung des rechtskräftigen Erkenntnisses eine mit der früheren gleiche Gesetzes-Uebertretung begeht, soll

wegen der ersten Wiederholung in das Doppelte,
wegen der zweiten Wiederholung in das Dreifache,
wegen der dritten und folgenden Wiederholungen in das Vierfache,

der durch die betreffende Contravention verwirkten einfachen Strafe verurtheilt werden.

Die freiwillige Erlegung der Strafe steht der rechtskräftigen Verurtheilung gleich.

§. 12.

Die Gerichte haben, falls die anklagende Behörde darauf anträgt, auf Entziehung der Gewerbe-Concession zur Zündholzfabrikation zu erkennen, wenn der concessionirte Fabrikinhaber, nachdem er bereits wegen Uebertretung einer der Bestimmungen bei 1 und 2 des §. 5 rechtskräftig verurtheilt ist, oder die Strafe freiwillig erlegt hat, abermals wegen einer innerhalb der Zeit von 12 Monaten nach Eröffnung des rechtskräftigen Erkenntnisses, beziehungsweise der freiwilligen Strafeinzahlung, begangenen Uebertretung einer jener Bestimmungen zu verurtheilen ist, oder, auf erhobene Anklage, die Strafe freiwillig erlegt hat.

Die Entscheidung über die als Forstfrevel zu behandelnden Contraventionen gegen dieses Gesetz gehört alsbann zur Zuständigkeit der Herzogl. Kreisgerichte, wenn von der anklagenden Behörde auf Entziehung der Concession zur Zündholz-Fabrikation angetragen ist.

§. 13.

Zur Controle über Contraventionen gegen dieses Gesetz sind, insofern dasselbe keine Beschränkung (§.§. 9 und 10) enthält, die Forstbeamten, Revierjäger, beeidigten Forstlehrlinge, Privatforstaufseher, Grenz- und Steuerbeamten, Polizeibeamten und das Polizeimilitair befugt und verpflichtet.

Hinsichtlich des Rechtes zur Anstellung von Haussuchungen kommt der §. 3. der Verordnung vom 7. Februar 1831 №. 3 zur Anwendung.

§. 14.

Die Herzogl. Landesregierung wird durch Verordnung diejenigen Landestheile feststellen, auf welche die Bestimmungen dieses Gesetzes Anwendung finden sollen.

Alle, die es angeht, haben sich hiernach zu achten.

Urkundlich Unserer Unterschrift und beigedruckten Herzoglichen Geheime-Canzlei-Siegels.

Braunschweig, am 27. Novbr. 1860.

(*L. S.*)

Auf Höchsten Special-Befehl.

von Geyso.   Langerfeldt.   von Campe.

Geſetz- und Verordnungs-Sammlung.

№ 39.

Braunſchweig, ben 10. December 1860.

Geſetz, bie Organiſation ber Gemeindeverwaltung in ber Gemeinde Lucklum betreffenb·
d. d. Braunſchweig, ben 28. November 1860.

Von Gottes Gnaden, Wir, **Wilhelm**, Herzog zu Braunſchweig und Lüneburg ꝛc.

Wir erlaſſen mit Zuſtimmung bes Ausſchuſſes ber Landes-Verſammlung das nachſtehende Geſetz:

§. 1.

In ber Gemeinde Lucklum bilben ein Gemeindevorſteher uub beſſen Gehülfe, als Gemeindebehörbe, das ausſchließliche Gemeinborgan.

§. 2.

Der Gemeindevorſteher unb beſſen Gehülfe werben von bem Beſitzer bes Gutes Lucklum ernannt. Die Ernennung bebarf ber Beſtätigung ber Staatsbehörbe.

Der Gemeindevorſteher unb beſſen Gehülfe bleiben ſo lange in ihrem Amte, als nicht von bem Gutsbeſitzer eine anbere Ernennung, unter Beſtätigung ber Staatsbehörbe, vorgenommen wirb.

Die Bestimmungen des §. 63. der Landgemeinde-
Ordnung bleiben auf den Ernannten anwendbar.

§. 3.

Die sämmtlichen Communal- und Wegebaulasten
hat ausschließlich der Besitzer des Gutes Lucklum zu tragen. Nur in Betreff der Einquartierungslast behält es
bei den Bestimmungen der Landgemeinde-Ordnung sein
Bewenden.

§. 4.

Dieses Gesetz tritt am 1. Januar 1861 in Kraft.

Alle, die es angeht, haben sich hiernach zu achten.

Urkundlich Unserer Unterschrift und beigedruckten Herzoglichen Geheime-Canzlei-Siegels.

Braunschweig, den 28. November 1860.

(*L. S.*)

Auf Höchsten Special-Befehl.

von Geyso.   Langerfeldt.   von Campe.

Gesetz- und Verordnungs-Sammlung.

№ 40.

Braunschweig, ben 10. December 1860.

Gesetz, die allgemeine Befreiung' des rohen Zinnes vom Eingangszolle betreffend.
d. d. Braunschweig, ben 29. November 1860.

Von Gottes Gnaden, Wir **Wilhelm,** Herzog zu Braunschweig und Lüneburg ꝛc. ꝛc.

In Gemäßheit einer Vereinbarung unter den Zollvereinsstaaten erlassen Wir, mit Zustimmung des hierzu beauftragten Ausschusses der Landes-Versammlung, folgendes Gesetz:

Vom 1. April 1861 an soll rohes Zinn, ohne Unterschied seines Ursprungs, beim Eingange in den Zollverein einer Eingangsabgabe nicht mehr unterliegen.

Alle, die es angeht, haben sich hienach zu achten.

Urkundlich Unserer Unterschrift und beigedruckten Herzoglichen Geheime-Canzlei-Siegels.

Braunschweig, ben 29. November 1860.

(**L. S.**)

Auf Höchsten Special-Befehl.

von Geyso.   Langerfeldt.   von Campe.

Gesetz= und Verordnungs=Sammlung.

№ 41.

Braunschweig, den 10. December 1860.

Gesetz, die Organisation der Gemeindeverwaltung in der Gemeinde Fürstenau betreffend.
d. d. Braunschweig, den 1. December 1860.

Von Gottes Gnaden, Wir, **Wilhelm,** Herzog zu Braunschweig und Lüneburg rc.

erlassen mit Zustimmung des Ausschusses der Landes-Versammlung das folgende Gesetz:

§. 1.
Der Gemeinderath in der Gemeinde Fürstenau besteht, neben dem Gemeindevorsteher, aus drei Mitgliedern.

§. 2.
Diese Mitglieder werden von den nach Maßgabe der Landgemeinde=Ordnung zu bildenden' drei Wahlclassen dergestalt gewählt, daß jede Wahlclasse unter Beobachtung der Bestimmungen der Landgemeinde=Ordnung die Wahl eines Mitgliedes vorzunehmen hat.

§. 3.
Alle zwei Jahre scheidet ein Mitglied aus. Bei der ersten Wahl und bei einer Neuwahl sämmtlicher Mitglieder wird die Reihefolge des Austritts durch das Loos bestimmt.

§. 4.

Der Gemeinderath ist vom Vorsitzenden zu berufen, so oft das Bedürfniß es erfordert oder ein Mitglied darauf anträgt.

§. 5.

Zur Beschlußfähigkeit ist die Anwesenheit von mindestens drei Mitgliedern erforderlich. Im vollständig versammelten Gemeinderathe entscheidet bei Stimmengleichheit die Stimme des Vorsitzenden.

§. 6.

Der Gemeindevorsteher wird von der Gesammtheit der Wahlberechtigten, unter Beobachtung der in den §§. 22 bis 26, 28 und 29 der Landgemeinde-Ordnung gegebenen Vorschriften, aus zwei vom Gemeinderathe in Vorschlag gebrachten Candidaten gewählt.

§. 7.

Dieses Gesetz tritt am 1. Mai 1861 in Kraft und soll wegen Vornahme der ersten Wahlen im Verwaltungswege Verfügung erlassen werden.

Alle, die es angeht, haben sich hiernach zu achten.

Urkundlich Unsrer Unterschrift und beigedruckten Herzoglichen Geheime-Canzlei-Siegels.

Braunschweig, den 1. December 1860.

(*L. S.*)

Auf Höchsten Special-Befehl.

von Geyso.   Langerfeldt.   von Campe.

Gesetz- und Verordnungs-Sammlung.

№ 42.

Braunschweig, ben 14. December 1860.

Privilegium für Julius be Bary in Offenbach.
d. d. Braunschweig, den 28. November 1860.

Die Herzoglich Braunschweig-Lüneburgische Kreis-Direction Braunschweig

fügt hiemit zu wissen:

Demnach mittelst Rescripts Herzoglichen Staats-Ministeriums vom 22. b. Mts., № 10629, bem Julius be Bary in Offenbach auf die alleinige Anwendung einer von ihm erfundenen, durch Zeichnung und Beschreibung näher nachgewiesenen Cigarren-Abschneide-Maschine ein Patent für das hiesige Land auf die Dauer von fünf Jahren — ohne jedoch Jemanden in der Anwendung bereits bekannter Theile der Erfindung dadurch zu beschränken — gewährt ist, so wird darüber gegenwärtige Verleihungsurkunde ertheilt.

Zur Urkunde deſſen iſt dieſes Privilegium mit dem Kreis-Directions-Siegel verſehen, und durch die daneben geſetzte Unterſchrift vollzogen.

So geſchehen Braunſchweig, den 28. Novbr. 1860.

(L. S.)   (gez.) A. Culemann.

Geſetz- und Verordnungs-Sammlung.

№ 43.

Braunſchweig, den 14. December 1860.

Privilegium für den Cigarrenfabrikanten Friedrich Trau=
gott Schurig hieſelbſt.
d. d. Braunſchweig, den 30. November 1860.

Die Herzoglich Braunſchweig-Lüneburgiſche Kreis-Di=
rection Braunſchweig

fügt hiemit zu wiſſen:

Demnach durch Reſcript des Herzoglichen Staats=
Miniſteriums vom 22. d. Mts., № 10628, dem Cigar=
renfabrikanten Friedrich Traugott Schurig hieſelbſt auf
die alleinige Anwendung einer von ihm erfundenen, durch
Modell und Beſchreibung näher nachgewieſenen Cigarren=
Abſchneide-Maſchine ein Patent für das hieſige Land auf
die Dauer von fünf Jahren — ohne jedoch Jemanden
in der Anwendung bereits bekannter Theile der Erfin=
dung zu beſchränken — gewährt iſt, ſo wird darüber ge=
genwärtige Verleihungsurkunde ertheilt.

Zur Urkunde deſſen iſt dieſes Privilegium mit dem Kreis=Directions=Siegel verſehen und durch die daneben geſetzte Unterſchrift vollzogen.

So geſchehen Braunſchweig, den 30. Novbr. 1860.

(L. S.)   (gez.) A. Culemann.

Gesetz= und Verordnungs=Sammlung.

№ 44.

Braunschweig, den 30. December 1860.

Verordnung, die Publication des zu Frankfurt a. M. am
18. August d. J. abgeschlossenen Postvereins=Vertrags
betreffend.
d. d. Braunschweig, den 21. Decbr. 1860.

Von Gottes Gnaden, Wir, Wilhelm, Her=
zog zu Braunschweig und Lüneburg ꝛc.

Nachdem Wir mit den sämmtlichen übrigen Mitglie=
dern des deutsch=österreichischen Postvereins am 18. Au=
gust d. J. zu Frankfurt a. M. einen erneuerten Postver=
eins=Vertrag abgeschlossen haben, so bringen Wir densel=
ben hieburch zur allgemeinen Kenntniß und verordnen,
daß unsere Behörden und Alle, die es sonst angeht, sich
danach zu achten haben.

Urkundlich Unserer Unterschrift und beigedruckten Herzoglichen Geheime-Canzlei-Siegels.

Braunschweig, den 21. Decbr. 1860.

(*L. S.*)

Auf Höchsten Special-Befehl.

von Geyso. Langerfeldt. von Campe.

Postvereins-Vertrag

vom

18. August 1860.

Nachdem der revidirte Postvereins-Vertrag vom 5. December 1851 durch die Nachtragsverträge vom 3. September 1855 und vom 26. Februar 1857 ergänzt und abgeändert worden ist, haben die Hohen Regierungen von Oesterreich, Preußen, Bayern, Sachsen, Hannover, Württemberg, Baden, Luremburg, Braunschweig, Mecklenburg-Schwerin, Mecklenburg-Strelitz, Oldenburg, Lübeck, Bremen und Hamburg, sowie Se. Durchlaucht der Fürst von Thurn und Taris, für zweckmäßig erachtet, die bezeichneten Verträge nebst den Beschlüssen der am 15. Mai 1860 in Frankfurt a. M. zusammengetretenen vierten deutschen Postconferenz in Einen Vertrag zusammenfassen zu lassen, und ist demzufolge von den Bevollmächtigten der gedachten Hohen Regierungen und Sr. Durchlaucht des Fürsten von Thurn und Taris der nachstehende

Postvereins-Vertrag

vorbehältlich der Höchsten Ratificationen verabredet worden.

A. Grundsätzliche Bestimmungen.

Art. 1.
Umfang und Zweck des Vereins.

Der deutsche Postverein bezweckt die Feststellung gleichmäßiger Bestimmungen für die Tarirung und postalische Behandlung der Brief- und Fahrpost-Sendungen, welche sich zwischen verschiedenen zum Vereine gehörigen Postgebieten oder zwischen dem Vereinsgebiete und dem Auslande bewegen.

Oesterreich und Preußen gehören dem Postvereine mit ih=
rem gesammten Staatsgebiet an. Außer diesen wird derselbe
nur deutsches Gebiet umfassen.

Die Bestimmungen über die internen Brief= und Fahrpost=
Sendungen bleiben den einzelnen Verwaltungen überlassen.

Art. 2.
Zusammengesetzte Postgebiete.

Der gesammte Verwaltungsbezirk einer jeden Postadmini=
stration wird, auch wenn sie mehrere Landesposten im Vereins=
gebiete zugleich verwaltet, in dem Verhältnisse zu den übrigen
Vereins=Postadministrationen nur als Ein Postgebiet angesehen.

Art. 3.
Vorbehalt hinsichtlich der Ausübung von Postregals=Rechten.

Durch den gegenwärtigen Vertrag sollen die gegenseitigen
Rechts= und Besitzverhältnisse der betheiligten Postverwaltungen
in Absicht auf die Ausübung von Postregals=Rechten in keiner
Weise berührt oder in Frage gestellt werden.

Der Beitritt der deutschen Postverwaltungen zu dem Post=
vereine ist für den Umfang der von denselben nach dem bisheri=
gen Besitzstande repräsentirten Rechte und Verhältnisse erfolgt.
Sollte in Zukunft dieser Besitzstand eine Aenderung erleiden, so
werden die Bestimmungen des Vertrages auf die in den verän=
derten Besitzstand tretenden Verwaltungen nur so weit ausge=
dehnt werden, als darüber zwischen den betheiligten Verwaltun=
gen besondere Einigung getroffen wird.

Art. 4.
Sicherung und Beschleunigung des Postverkehrs.

Jede zum Vereine gehörige Postverwaltung ist berechtigt,
für ihre Correspondenz jederzeit die Routen zu benutzen, welche
die schnellste Beförderung darbieten. Dabei ist jeder Verwal=
tung freigestellt, die innere Vereins=Correspondenz über anderes
Vereinsgebiet stückweise oder in verschlossenen Packeten zu ver=
senden.

Bezüglich der Anwendung der vorstehenden Bestimmung
auf die Correspondenz der Hansestädte gelten die zwischen den
betheiligten Postverwaltungen auf Grund der bestehenden
Rechtsverhältnisse getroffenen oder noch zu treffenden besonderen
Vereinbarungen.

156

Art. 5.

Die Vereins=Postverwaltungen machen sich gegenseitig ver=
bindlich, für möglichst schleunige Beförderung der ihnen zuge=
führten Correspondenz Sorge zu tragen, und falls von einer
Verwaltung die Einrichtung eines Postcurses zur Beförderung
der eigenen Correspondenzen im Bezirke einer anderen Verwal=
tung für sich in Anspruch genommen wird, diesem Ersuchen
gegen Ersatzleistung der Kosten, soweit eine solche begründet er=
scheint, und gegen Zahlung der in den nachfolgenden Art. 15
und 16 festgesetzten Transitgebühr zu entsprechen.

Art. 6.

Die Regierungen verpflichten sich gegenseitig, soweit es von
ihnen abhängt, dafür Sorge zu tragen, daß den Postverwaltun=
gen die ungehinderte Benutzung der Eisenbahnen und ähnlicher
Verkehrsmittel überall für die Beförderung der Correspondenz
gesichert und überhaupt dem wechselseitigen Postverkehre die
Vortheile größtmöglicher Beschleunigung gewährt werden.

Art. 7.
Entfernungs=Maß.

Die Entfernungen in dem Wechselverkehre zwischen den
einzelnen Postvereinsgebieten werden ausschließlich nach geogra=
phischen Meilen (zu 15 auf einen Aequatorsgrad) bestimmt.

Art. 8.
Vereins=Gewicht.

Für alle Gewichts=Bestimmungen in dem Wechselverkehre
der Postvereins=Staaten gilt als Gewichts=Einheit das Zoll=
pfund. Dasselbe wird vom 1. Januar 1862 an im gesammten
Postvereinsverkehre in 30 Loth, mit der Unterabtheilung in
Zehntel, getheilt, sofern nicht bis dahin von Bundeswegen eine
andere Eintheilung des Gewichts beschlossen werden sollte.

Art. 9.
Münzwährung.

Die Zutaxirung und Abrechnung erfolgt in der Landes=
münze derjenigen Postbehörde, welche das Porto einzieht
Die Staaten, in welchen eine andere Währung besteht,
als die des 30 Thaler=, 45 Gulden= und des 52½ Gulden=
fußes, werden in Beziehung auf die Zutaxirung und Abrech=

nung ben Ländern des 30 Thalerfußes gleichgestellt, und wird dabei durchgängig der Thaler in 30 Silbergroschen eingetheilt.

Die Saldirung der Abrechnungen im Wechselverkehre der Vereins-Postverwaltungen geschieht, sofern nicht anderweitige Verständigung besteht, in der Landesmünze derjenigen Postverwaltung, welche Saldo zu empfangen hat.

Der hierbei in Folge von Coursdifferenzen etwa eintretende Verlust wird von der zahlenden und der empfangenden Postverwaltung zu gleichen Theilen getragen.

Art. 10.
Abrechnung.

Diejenige Postverwaltung, an welche die Postsendungen unmittelbar, d. h. ohne Berührung einer dritten Vereins-Postanstalt, übergeben und von welcher sie in eben der Weise empfangen werden, übernimmt auf Verlangen die Abrechnung und Ausgleichung mit den weiter liegenden deutschen Postverwaltungen.

Jeder für transitirende Sendungen anzurechnende Portobetrag ist nach Maßgabe des Art. 9 in der Währung desjenigen Postgebiets anzusetzen, für welches die betreffende Correspondenz zur Abgabe an den Adressaten oder zur unmittelbaren Auslieferung an das Vereinsausland bestimmt ist. Falls innerhalb dieses Postgebiets verschiedene Münzwährungen bestehen, erfolgt der Ansatz in der verabredeten Währung. Bei der Abrechnung wird die Vergütung nach dem wirklichen Werthe des Portobetrages geleistet.

B. Briefpost.
Art. 11.
Gemeinschaftliches Porto.

Die sämmtlichen nach Art. 1 zu dem deutschen Postvereine gehörigen Staatsgebiete stellen bezüglich der Briefpost für die Vereins-Correspondenz und Zeitungsspedition Ein ungetheiltes Postgebiet dar.

In Folge dessen wird diese Correspondenz 2c., ohne Rücksicht auf die Territorialgrenzen, einzig mit den verabredeten gemeinschaftlichen Portotaxen belegt.

I. Briefverkehr.
Art. 12.
Vereins-Correspondenz.

Unter Vereins-Correspondenz ist sowohl die Correspondenz der Vereins-Postbezirke unter sich (innere Vereins-Correspondenz) als auch die Wechsel-Correspondenz eines Vereins-Postbezirks mit dem Auslande (äußere Vereins-Correspondenz) zu verstehen, wobei es gleichviel ist, ob die letztere nur einen Vereinsbezirk oder deren mehrere berührt.

a) Innere Vereins-Correspondenz.
Art. 13.
Bezug des Porto.

Das Porto, welches nach den Vereinstaxen sich ergiebt, hat jede Postverwaltung für alle Briefe zu beziehen, welche von ihren Postanstalten abgesandt werden, es mögen diese Briefe frankirt sein oder nicht.

Die bei der Absendung als portofreie Correspondenz bezeichneten und als solche behandelten Sendungen werden am Bestimmungsort ohne Portoansatz ausgeliefert.

Art. 14.
Hinwegfallen des Transitporto.

Für sämmtliche nur innerhalb des Vereinsgebiets sich bewegende Correspondenz wird ein besonderes Transitporto von den Correspondenten nicht erhoben.

Art. 15.
Transitgebühr.

Zur Regulirung des Bezuges der Transitgebühren treten, insofern zwischen den betheiligten Postverwaltungen nicht besondere Vereinbarungen getroffen sind oder künftig getroffen werden, folgende Bestimmungen ein:

  a) die Transitgebühr wird sowohl bei der in geschlossenen Packeten als stückweise transitirenden Correspondenz mit $1/3$ Silberpf. pro Meile bis zu einem Maximum von 7 Pf. oder dem entsprechenden Betrag in der Landesmünze pro Loth netto bemessen.

  b) Retourbriefe und unrichtig instradirte Briefe, Kreuzbandsendungen und Waarenproben, sowie die vom Porto

befreiten Sendungen, werden dabei nicht in Ansatz ge=
bracht, auch wenn sie im internen Verkehr zwischen zwei
Theilen eines und desselben Vereinsbezirks vorkommen
und durch dazwischenliegendes Gebiet anderer Vereins=
Postverwaltungen transitiren.

c) Jede Postanstalt, welche Transit zu leisten hat, ist auch
zum Bezuge der nach Maßgabe ihrer Transitstrecke in
directer Entfernung sich ergebenden Gebühr berechtigt.

d) Der Bezug eines Porto für die Beförderung einer Cor=
respondenzgattung schließt den einer Transitgebühr für
dieselben Briefe aus.

e) Die Transitgebühr vergütet diejenige Postverwaltung,
welche das Porto bezieht.

Art. 16.
Vergütung der Transitgebühr.

Die nach den Bestimmungen des Art. 15 auszumittelnden
Transitgebühren sind in abgerundeten jährlichen Pauschal=Sum=
men zwischen den betheiligten Verwaltungen zu fixiren.

Jeder Verwaltung steht frei, wenn sie solches für zweck=
mäßig hält, auf anderweite Ermittelung der von ihr zu zah=
lenden oder zu beziehenden Pauschal=Beträge nach vorstehenden
Grundsätzen anzutragen.

In einem solchen Falle erfolgt die Zahlung während des
zur anderweitigen Ermittelung erforderlichen Zeitraums nach dem
bis dahin verabredeten Betrage; die nach der neuen Ermittelung
sich herausstellende Differenz wird jedoch nachträglich ausge=
glichen, und zwar beginnend von dem Zeitpunkte, mit welchem
die eine neue Bemessung begründende Aenderung der Verhält=
nisse eingetreten ist.

Art. 17.
Vereinsbriefportotaxen.

Die gemeinschaftlichen Portotaxen für die Vereins=Corre=
spondenz werden nach der Entfernung in gerader Linie bemessen
und betragen für den einfachen Brief (vergl. Artikel 18):

bei einer Entfernung

	Oeſt. Währ.	Sübb. Währ.

bis zu 10 Meilen einſchl. . . 1 Sgr. oder 5 Nkr. oder 3 Kr.
über 10 bis zu 20 Meilen
  einſchließlich . . . . . 2 »   » 10 »   » 6 »
über 20 Meilen . . . . . 3 »   » 15 »   » 9 »
je nach der Landeswährung.

Für den Briefwechſel zwiſchen denjenigen Orten, für welche gegenwärtig eine geringere Taxe beſteht, kann dieſe geringere Taxe nach dem Einverſtändniſſe der dabei betheiligten Poſtver= waltungen auch ferner in Anwendung kommen.

Art. 18.
Gewicht des einfachen Briefes, Gewichts= und Taxprogreſſion.

Als einfache Briefe werden ſolche behandelt, welche weniger als Ein Loth (¹⁄₃₀ des Zollpfundes) wiegen.

Für jedes Loth und für jeden Theil eines Lothes Mehr= gewicht iſt das Porto für einen einfachen Brief zu erheben.

Art. 19.
Beförderung mit der Briefpoſt.

Portopflichtige Briefſchaften ohne Werthangabe unterliegen bis zum Gewichte von 4 Loth ausſchließlich ohne Unterſchied des Formates durchweg der Behandlung als Briefpoſtſendungen; ſchwerere aber bis zum Gewichte von ½ Pfund einſchließlich nur dann, wenn es von dem Aufgeber durch einen Beiſatz auf der Adreſſe oder durch Frankirung mittelſt Marken verlangt wird.

Was die portofreien Gegenſtände betrifft, ſo werden die im Artikel 27 bezeichneten Correſpondenzen ohne Beſchränkung auf ein beſtimmtes Gewicht, die in den Artikeln 28 und 29 aufge= führten Dienſtcorreſpondenzen aber bis zum Gewichte von 1 Pfund einſchließlich auch ohne ausdrücklichen Beiſatz auf der Adreſſe mit der Briefpoſt befördert.

Außerdem ſind die aus dem Vereins=Auslande mit der Briefpoſt eingehenden und ihrer Natur nach zur Weiterbeförde= rung mit der Briefpoſt geeigneten Sendungen, inſofern die Vor= ſchriften über zollamtliche Behandlung nicht entgegen ſtehen, ohne Unterſchied des Gewichtes mit der Briefpoſt weiter zu be= ördern, und ſowohl hinſichtlich der Taxirung, als auch in Be= reff des Portobezüges als Briefpoſt=Sendungen zu behandeln.

Art. 20.
Frankirung.

Für die innere Vereins-Correspondenz soll in der Regel die Vorausbezahlung des Porto stattfinden.

Eine theilweise Frankirung findet weder für die Correspondenz innerhalb des Vereinsgebietes, noch für Briefe nach dem Auslande statt, bei welchen eine gänzliche Frankirung gestattet ist.

Art. 21.
Unfrankirte und ungenügend frankirte Briefe.

Unfrankirte Briefe sollen zwar abgesendet werden, unterliegen jedoch einem Zuschlage von 1 Silbergroschen oder 5 Neukreuzern Oesterr. Währ. oder 3 Kreuzern Südd. Währ. für jeden einfachen Portosatz.

Wenn Briefe unvollständig mit Marken oder gestempelten Couverts frankirt sind, so wird das Ergänzungs-Porto und der Zuschlag eingehoben.

Bei Ermittelung des Werthes der verwendeten Marken u. s. w. werden 1 Silbergroschen, 5 Neukreuzer Oesterr. Währ. und 3 Kreuzer Südd. Währ. gleichgerechnet, und es ist hiernach das Ergänzungs-Porto ohne weitere Reduction anzusetzen.

Der Zuschlag ist bei solchen ungenügend frankirten Briefen dann, wenn der Werth der verwendeten Marken zc. nicht einmal dem Betrage der einfachen Portotare für den Brief gleichkommt, für das Gesammtgewicht des letzteren, in anderen Fällen jedoch nur für die unberichtigten Lothe (Tarsätze) oder Theile von Lothen anzurechnen.

Die Verweigerung der Nachzahlung des Porto gilt für eine Verweigerung der Annahme des Briefes.

Art. 22.
Sendungen unter Band.

Für Kreuz- oder Streifband-Sendungen wird im Falle der Vorausbezahlung und der vorschriftsmäßigen Beschaffenheit ohne Unterschied der Entfernung der gleichmäßige Satz von 4 Silberpfennigen oder 2 Oesterr. Neukreuzern oder 1 Kreuzer Südd. Währung bis zum Gewichte von Einem Loth ausschließlich und ferner für je Ein Loth, sonst aber das gewöhnliche Briefporto erhoben.

Bei den mit Marken ungenügend frankirten Kreuz= oder Streifband=Sendungen wird das gewöhnliche Briefporto nebst Zuschlag ebenfalls nur für die unberichtigten Lothe oder Loth= theile angesetzt. Kreuz= und Streifband=Sendungen werden jederzeit als zur Briefpost gehörig behandelt und tarirt, und dürfen nur bis zum Gewichte von ½ Pfund einschließlich an= genommen werden.

Art. 23.
Waarenproben und Muster.

Für Waarenproben und Muster, welche vorschriftsgemäß verpackt sind, wird bis zu 2 Loth ausschließlich und ferner für je 2 Loth das einfache Briefporto nach der Entfernung (im Falle der Nichtfrankirung nebst Zuschlag) erhoben.

Dergleichen Sendungen sind bis zum Gewichte von ½ Pfund einschließlich als Briefpost=Sendungen zu behandeln.

Art. 24.
Recommandirte Briefe.

Für recommandirte Briefe ist außer dem gewöhnlichen Porto eine Recommandationsgebühr von 2 Silbergroschen oder 10 Oesterreichischen Neukreuzern oder 6 Kreuzern Südd. Währ. ohne Rücksicht auf die Entfernung und das Gewicht zu bezahlen.

Die Recommandations=Gebühr ist jederzeit zugleich mit dem Porto einzuheben.

Wenn der Absender die Beibringung einer Empfangsbe= scheinigung des Adressaten (Retour=Recepisse) ausdrücklich ver= langt, so steht der absendenden Postanstalt frei, dafür eine wei= tere Gebühr bis zur Höhe von 2 Sgr. oder 10 Oesterr. Neu= kreuzern oder 6 Kreuzern Südd. Währ. von dem Absender zu erheben

Die Recommandation von Kreuzband= und Musterfendungen ist gestattet. Für dergleichen recommandirte Sendungen wird nebst dem dafür festgesetzten Porto (Art. 22 und 23) die Recom= mandationsgebühr wie für Briefe erhoben, und es finden auf dieselben auch im Uebrigen die für recommandirte Briefe erlas= senen Vorschriften Anwendung.

Art. 25.
Erfatzleistung.

Für einen abhanden gekommenen recommandirten Brief

wird, mit Ausnahme eines durch Krieg oder unabwendbare Naturereignisse herbeigeführten Verlustes, dem Absender eine Entschädigung von 14 Thlrn. oder 21 fl. Oesterr. oder 24½ fl. Südd. Währung geleistet. Das Reclamationsrecht erlischt nach Ablauf von 6 Monaten, vom Tage der Aufgabe an.

Diese Bestimmung kommt in Anwendung für alle zwischen zwei Vereinsbezirken gewechselten recommandirten Briefe, ohne Rücksicht auf die hinsichtlich der Ersatzleistung in den einzelnen Bezirken etwa bestehenden abweichenden Vorschriften.

Dem Absender gegenüber liegt die Ersatzpflicht derjenigen Postverwaltung ob, in deren Bezirke der Brief aufgegeben worden ist. Wenn eine Postverwaltung für einen erweislich nicht in ihrem Bezirke verloren gegangenen Brief dem Absender Ersatz geleistet hat, so ist sie sofort von derjenigen Verwaltung zu entschädigen, welche die Sendung von ihr übernommen hat. Diese letztere Verwaltung ist befugt, in gleicher Weise ihren Regreß gegen die nächstfolgende Verwaltung zu nehmen und so fort. Den Schaden trägt schließlich diejenige Verwaltung, welche weder die richtige Bestellung, noch auch die Ueberlieferung an eine andere Postverwaltung nachweisen kann.

Für Verluste, welche auf dem Transporte durch eine dem Vereine nicht angehörige Beförderungsanstalt eintreten, findet ein Ersatzanspruch, den Vereins-Postverwaltungen gegenüber, nicht statt. Dagegen haben bei diesfälligen Reclamationen zunächst diejenigen Postverwaltungen, von welchen die Sendungen unmittelbar dem Auslande zugeführt worden sind, den Absender zu vertreten, und demselben, falls ihre Bemühungen erfolglos bleiben sollten, alle vorliegenden Mittel (Urkunden über die Ablieferung der Sendung u. s. w.) an die Hand zu geben, welche ihn in den Stand setzen können, seine Ansprüche der ausländischen Beförderungsanstalt gegenüber selbst weiter zu verfolgen.

Ein Ersatzanspruch für nicht recommandirte Briefe findet gegenüber den Postverwaltungen nicht statt.

Art. 26.
Bestellung durch Expressen.

Briefe aus den Vereinsbezirken, auf welche der Versender das schriftliche Verlangen gesetzt hat, daß sie durch einen Expressen zu bestellen sind, müssen von allen Postanstalten des Vereinsgebietes sogleich nach der Ankunft den Adressaten besonders zugestellt werden.

Dergleichen Expreßbriefe müssen jederzeit recommandirt sein.

Für jeden am Orte der Abgabe=Postanstalt zu bestellenden Expreßbrief ist eine Bestellgebühr von 3 Sgr. oder 15 Oesterr. Neukreuzern oder 9 Kr. Südd. Währ. zu entrichten.

Für die außerhalb des Ortes der Abgabepostanstalt zu bestellenden Expreßbriefe sind außer dem dafür dem Boten zu zahlanden Lohn 3 Sgr. oder 15 Oesterr. Neukreuzer oder 9 Kr. Südd. Währ. für die Beschaffung des Boten zu erheben.

Die vorstehenden Gebühren und der Botenlohn für die expresse Bestellung sind jederzeit zugleich mit dem Porto einzuheben.

Die Gebühren und den Botenlohn bezieht die Abgabepostanstalt.

Für verspätete Beförderung oder Bestellung eines Expreßbriefes leistet die Postbehörde keine Entschädigung.

Art. 27.

Portofreiheiten.

Die Correspondenz sämmtlicher Mitglieder der Regentenfamilien der Postvereinsstaaten sowie des Fürstlichen Hauses Thurn und Taxis wird in dem ganzen Vereinsgebiete ohne Beschränkung auf ein bestimmtes Gewicht portofrei befördert.

Art. 28.

Ferner werden im Vereinsgebiete bis zum Gewicht von 1 Pfund einschließlich gegenseitig portofrei befördert die Correspondenzen in reinen Staats=Dienstangelegenheiten (Officialsachen) von Staats= und anderen öffentlichen Behörden des einen Postgebiets mit solchen Behörden eines anderen, wenn sie in der Weise, wie es in dem Postbezirke der Aufgabe für die Berechtigung zur Portofreiheit vorgeschrieben ist, als Officialsache bezeichnet und mit dem Dienstsiegel verschlossen sind, auch auf der Adresse die absendende Behörde angegeben ist.

Dem amtlichen Schriftenwechsel in deutschen Bundesangelegenheiten steht innerhalb des Gebietes des deutschen Postvereins die Portofreiheit bis zum Gewichte von einem Pfunde einschließlich zu, insofern die Sendungen zwischen öffentlichen Behörden stattfinden, mit amtlichem Siegel verschlossen und mit der durch die Unterschrift eines Beamten beglaubigten Bezeichnung versehen sind »deutsche Bundesangelegenheit«.

Art. 29.

Bis zum Gewicht von 1 Pfund einschließlich werden die dienstlichen Correspondenzen der Postbehörden und Postanstalten unter sich und an Privatpersonen, ferner die amtlichen Lauf= schreiben der Postanstalten unter sich gegenseitig portofrei gelassen. Laufschreiben von Privatpersonen müssen nach dem Briefposttarif frankirt werden. Ergibt sich, daß die Reclamation durch die Schuld eines Postbeamten herbeigeführt worden ist, so muß der Schuldige auf Begehren das Porto erstatten.

Art. 30.

Briefe aus dem Heimathlande an die im activen Dienste stehenden Soldaten vom Feldwebel (Wachtmeister) abwärts, welche zu Bundeszwecken außerhalb des Staates, welchem sie dienen, dislocirt sind, werden im Wechselverkehre der Vereins= staaten bis zum Gewicht von 4 Loth ausschließlich, portofrei befördert.

Die von den Soldaten abgesandten Briefe unterliegen der gewöhnlichen Portozahlung

Art. 31.

Um in Bezug auf Portofreiheit die wünschenswerthe Gleich= förmigkeit zu erlangen, soll für den inneren Verkehr als allge= meiner Grundsatz gelten, daß außer den Sendungen der Aller= höchsten und Höchsten Personen nur diejenigen der Behörden in reinen Staatsdienst=Angelegenheiten Anspruch auf Portofreiheit haben.

Portofreiheits=Bewilligungen für andere Sendungen sollen möglichst vermieden werden. Die für Privatpersonen, Vereine u. s. w. früher bewilligten Portofreiheiten sollen aufgehoben oder doch so weit als möglich beschränkt werden.

Art. 32.

Unrichtig geleitete Briefe.

Briefe, welche irrig instradirt worden, sind ohne Verzug an den wahren Bestimmungsort zu befördern, woselbst nur das= jenige Porto zu erheben ist, welches sich bei richtiger Instradi= rung ergeben hätte.

166

Art. 33.

Unbestellbare Briefe.

Bei den unanbringlichen Briefpostsendungen ist für die Rücksendung kein Porto anzusetzen, und werden dieselben, wenn sie bei der Aufgabe frankirt worden sind, ohne Anrechnung eines Porto der Aufgabepostanstalt zurückgesandt. Waren dieselben unfrankirt aufgegeben, so wird von der Postanstalt des Bestimmungsortes das für die Hinsendung angesetzt gewesene Porto in demselben Betrage und in derselben Währung zurückgerechnet, wie dasselbe angesetzt gewesen ist, wogegen die Postanstalt, an welche dieselben zurückgelangen, berechtigt ist, das ganze Porto für die Hinsendung zu Gunsten der eigenen Postcasse einheben zu lassen.

Art. 34.

Reclamirte Briefe.

Briefe, welche den Adressaten an einen anderen als den ursprünglich auf der Adresse bezeichneten Bestimmungsort nachgesendet werden sollen (reclamirte Briefe), werden wie solche behandelt und tarirt, die an dem Orte, von wo die Nachsendung erfolgt, nach dem neuen Bestimmungsorte aufgegeben werden, wobei jedoch nur die Taxe für frankirte Briefe ohne Zuschlag in Anwendung zu kommen hat. Das früher dafür angesetzte vereinsländische oder sonstige Porto wird als Auslage in Anrechnung gebracht. Eine Ausnahme hiervon tritt jedoch alsdann ein, wenn die Nachsendung vom ersten Bestimmungsorte unmittelbar nach dem Aufgabeorte erfolgt, in welchem Falle die gleiche Behandlung wie bei den unanbringlichen Briefen (Artikel 33) einzutreten hat.

Für reclamirte Briefe, deren Zustellung an die Adressaten nicht bewirkt werden kann, und die daher an die Aufgabeorte zurückzuleiten sind, dürfen der Postanstalt, von welcher dieselben eingelangt sind, nur diejenigen Gebühren in Anrechnung gebracht werden, welche von dieser bei der Auslieferung an die rücksendende Postanstalt angerechnet worden sind.

Nachzusendende recommandirte Briefe werden auch bei der Nachsendung als recommandirt behandelt. Eine nochmalige Erhebung der Recommandationsgebühr findet dabei nicht statt.

Bei Nachsendung von Kreuzbändern und Waarenproben

wird in gleicher Weise wie bei Briefen verfahren, und die für jene Gegenstände festgesetzte ermäßigte Taxe angewendet.

Art. 35.
Aufhebung der nicht vereinbarten Gebühren.

Außer den in den vorstehenden Artikeln ausdrücklich stipulirten Taxen dürfen für die Beförderung der inneren Vereinscorrespondenz keinerlei weitere Gebühren erhoben werden, und es ist ausnahmsweise nur bezüglich der Bestellgebühr denjenigen Postadministrationen, bei welchen eine solche noch besteht, überlassen, dieselbe vorläufig fortzuerheben. Diese Gebühr soll jedoch über ihren dermaligen Betrag keinenfalls erhöht werden, vielmehr werden die betreffenden Verwaltungen darauf Bedacht nehmen, sie nach Thunlichkeit ganz aufzuheben oder doch zu ermäßigen.

Der Ersatz baarer Auslagen für außerordentliche Besorgungen ist nicht ausgeschlossen.

b. Correspondenz mit fremden Ländern.

Art. 36.

Die Vereinscorrespondenz mit dem Auslande unterliegt derselben Behandlung, wie die innere Vereinscorrespondenz. Dabei tritt diejenige Postanstalt an der Grenze, wohin die Correspondenz nach dem Vereinsgebiete unmittelbar gelangt, in das Verhältniß eines Aufgabeamtes, und diejenige, wo sie auszutreten hat, in das eines Abgabeamtes.

Die Vortheile dieses Verhältnisses können an hinterliegende Postverwaltungen gegen Entschädigung abgetreten werden.

Diejenigen deutschen Grenz-Postverwaltungen, durch deren Gebiete schon jetzt geschlossene Packete rückwärts liegender Postverwaltungen transitiren, verpflichten sich, diesen Durchzug auch künftig während der Dauer des Vereinsvertrages zu gestatten.

Eine geringere Entschädigung, als das Vereinsporto, kann dabei im Wege besonderer Vereinbarung festgesetzt werden.

Der im Art. 21 erwähnte Portozuschlag für nicht frankirte Briefe bleibt bei der Correspondenz mit dem Auslande außer Anwendung.

Deutsche Postbezirke, welche dem deutschen Postvereine nicht angehören, werden zum Auslande gerechnet, und es finden auf ben Postverkehr mit benselben alle Bestimmungen Anwendung, welche für den Postverkehr mit den außerbeutschen Staaten gelten.

Art. 37.

Für solche Correspondenz zwischen einem Vereins- und einem fremden Staate, welche durch das Gebiet einer Vereins-Grenz-Postverwaltung zur Zeit in verschlossenen Packeten transitirt, soll es während der Dauer der gegenwärtig zwischen der Vereins-Postverwaltung, welche die Transitleistung in Anspruch nimmt, und dem betreffenden fremden Staate bestehenden Verträge, vorbehaltlich anderweiter besonderer Verständigung, bei der Zahlung der gegenwärtig für den Transit über das Gebiet der Grenz-Postverwaltung ausbedungenen Transitportosätze verbleiben.

Art. 38.

Die Correspondenz zwischen fremden, dem Postverein nicht angehörigen, Postgebieten wird beim Durchgange durch in Mitte liegende Vereinspostbezirke wie die Vereinscorrespondenz behandelt. Die Vertragsverhältnisse zwischen den fremden Staaten und denjenigen Vereinsverwaltungen, welche mit ihnen in directem Verkehre stehen, sollen dabei der freien Vereinbarung der betheiligten Postverwaltungen überlassen bleiben. Insoweit auf Grund der mit fremden Staaten bestehenden Postverträge von diesen an Transitporto für die in Mitte liegenden Vereinsverwaltungen ein höherer Betrag vergütet wird, als zufolge des gegenwärtigen Vertrages den letzteren von der Grenz-Postverwaltung dafür zu zahlen bleibt, sollen diejenigen Postverwaltungen, welche solchen Transit gewähren, für den Verlust, den sie durch Ermäßigung des Transitporto erleiden, von der Grenzpostanstalt in dem Maße entschädigt werden, als diese durch die Ermäßigung des Transitporto einen Vortheil erreicht.

Art. 39.

Bei dem Abschlusse neuer Postverträge mit fremden Staaten ist Folgendes maßgebend:

a. Die Verträge sind nach dem Grundsatze vollständiger Reciprocität abzuschließen.

b. Die den Vertrag abschließende Vereins-Postverwaltung tritt, so weit sie den Postverkehr anderer Vereinsverwaltungen, welche mit dem fremden Staate in keinem

directen Kartenwechsel stehen, vermittelt, bei dem Ver=
tragsabschlusse als Bevollmächtigter des Vereins auf.

c. In der Regel haben die Bestimmungen des Vereins=
vertrages über den Tarif und Portobezug, so weit es
sich um den deutschen Portoantheil handelt, auf die ge=
sammte Vereins=Correspondenz Anwendung zu finden.
Erscheint es in einzelnen Fällen besonderer Verhältnisse
wegen nothwendig oder dem Interesse des deutschen
Postverkehrs entsprechend, von jenen Bestimmungen ab=
zuweichen, so kann dies nur mit Zustimmung von drei
Viertheilen sämmtlicher Vereins=Postverwaltungen ge=
schehen. Die in der Minorität gebliebenen Vereinsver=
waltungen behalten den Anspruch auf den Bezug des
ihnen nach dem Vereinsvertrage gebührenden Porto.
Dagegen findet die zu bedingende Porto=Ermäßigung
auf die Correspondenz derselben nicht Anwendung; eben
so wenig haben sie Anspruch auf Theilnahme an den
durch die Porto=Ermäßigung sonst zu erwirkenden Vor=
theilen.

d. Außer dem unter c gedachten Falle darf weder für den
Bezirk der den Vertrag schließenden, noch für den einer
andern Vereins=Postverwaltung eine andere, als die für
den gesammten Verein gültige Verabredung getroffen
werden, und es dürfen weder die eigenen Portosätze der
contrahirenden Verwaltung, noch die fremden höher
oder niedriger normirt, noch auch andere, den übrigen
Vereinsverwaltungen nicht zukommende Begünstigungen
bedungen werden.

e. Die Verabredungen über das Porto zwischen solchen
Grenzorten, welche nicht mehr als etwa fünf Meilen
von einander entfernt liegen, ferner über Postverbin=
dungen, Kartenschlüsse und alle reinen Manipulations=
fragen, bleiben dem Ermessen der den Vertrag schließen=
den Postverwaltung in so fern überlassen, als alle diese
Verabredungen sich lediglich auf ihren eigenen Postbezirk
beziehen.

f. Den Verträgen ist in keinem Falle eine längere Dauer
als dem Vereinsvertrage zu geben. Wenn Verträge
mit fremden Staaten vor Ablauf des Vereinsvertrages
ihr Ende erreichen, so dürfen die neuen Verträge nur
kündbar von Jahr zu Jahr abgeschlossen werden, falls

zwischen anderen Vereinsverwaltungen und demselben fremden Staate Postverträge bestehen, deren Ablaufs= termin später eintritt.

g. Wenn mehrere Vereinsverwaltungen mit einem und demselben fremden Lande in unmittelbaren Postverkehre stehen oder in solchen eintreten wollen, so hat jede dieser Verwaltungen, welche mit dem fremden Staate einen Ver= trag abzuschließen beabsichtigt, davon dem mit demselben fremden Staate in Vertragsverhältnissen stehenden Ver= eins=Postverwaltungen zum Behufe wechselseitiger Ver= ständigung vorläufig Mittheilung zu machen. Jede der hier in Rede stehenden Vereinsverwaltungen hat zwar ihren Vertrag selbstständig abzuschließen, bei den vor= läufigen Verabredungen ist aber in allen Beziehungen, welche die Gesammtheit des Vereins betreffen, genau an die obigen Bestimmungen sich zu halten, und bei dem Eintritte des unter c erwähnten Falles die vor= läufige Vereinbarung mit den übrigen Verwaltungen im Postvereine zu erwirken.

h. Alle neuen Verträge sind noch vor deren Ausführung sämmtlichen Vereins=Postverwaltungen zur Kenntniß mitzutheilen, so weit deren Interesse dabei betheiligt ist.

II. Zeitungs=Verkehr.
Art. 40.
Allgemeine Bestimmung.

Die Vereins=Postanstalten besorgen die Annahme der Prä= numeration auf die im Vereinsgebiete sowohl als die im Aus= lande erscheinenden Zeitungen und Journale, sowie deren Ver= sendung und Abgabe an die Pränumeranten.

Art. 41.
Vereinsländische Zeitungen, welche im Vereinsgebiete befördert werden.

Die Bestellung der in einem anderen Vereinsstaate erschei= nenden Zeitungen und Journale hat bei denjenigen Postverwal= tungen zu geschehen, in deren Gebiet der Verlagsort gelegen ist. Die Vereinsverwaltungen haben einander die einzelnen Postan= stalten zu bezeichnen, bei welchen die Bestellung erfolgen kann.

Zeitungspreis und Debitsveränderungen jeder Art werden

die Poſtverwaltungen möglichſt bald und in kurzen regelmäßigen Terminen einander mittheilen.

Die Verſendung hat thunlichſt direct zu erfolgen.

Art. 42.

Die Beſtellung kann in der Regel nicht auf einen kürzeren Zeitraum als ein Vierteljahr erfolgen; ausnahmsweiſe kann jedoch in beſonderen Fällen auch auf eine kürzere Zeit abonnirt werden. Uebrigens ſind hierbei die Verlagsbedingungen zunächſt maßgebend.

Um auf den Empfang aller vom Beginne des Pränumerationstermins an erſcheinenden Blätter rechnen zu können, haben die Beſtellungen ſo zeitig zu erfolgen, daß die Poſtanſtalt des Abſendungsortes dieſelben vor dem gedachten Termine erhält.

Art. 43.

Wird bei dem Empfang eines Zeitungspackets ein Abgang an den beſtellten Blättern wahrgenommen, ſo iſt das Fehlende von der abſendenden Poſtanſtalt nachzuliefern, und zwar koſtenfrei, wenn der Abgang mit umgehender Poſt angezeigt wird, im andern Falle aber gegen Erſatz der vom Verleger in Anſpruch genommenen Vergütung.

Art. 44.

Für die Spedition der im Vereinsgebiete erſcheinenden Zeitungen und Journale zwiſchen den Vereins-Poſtanſtalten wird eine gemeinſchaftliche Gebühr in Gemäßheit des Art. 45 erhoben und unter der beſtellenden und der abſendenden Poſtanſtalt halbſcheidig getheilt.

Ein Zuſchlag für das Tranſitiren durch ein drittes Vereinspoſtgebiet findet nicht ſtatt. Sollte aber die aus einem Vereinsgebiete in ein anderes Vereinsgebiet beſtimmte Sendung durch ein fremdes, zum Vereine nicht gehöriges, Poſtgebiet tranſitiren, ſo iſt die an die fremde Poſtverwaltung zu entrichtende Tranſitgebühr als Auslage neben der vereinsländiſchen Speditionsgebühr in Aufrechnung zu bringen.

Art. 45.

Die Gebühr für die Spedition vereinsländiſcher Zeitungen und Journale wird ohne Rückſicht auf die Entfernung, in welcher die Verſendung erfolgt, dahin beſtimmt:

1) für politische Zeitungen, d. h. für solche, welche für die Mittheilung politischer Neuigkeiten bestimmt sind, beträgt die gemeinschaftliche Speditionsgebühr fünfzig Procent von dem Preise, zu welchem die versendende Postanstalt die Zeitung von dem Verleger empfängt (Nettopreis), jedoch soll die Speditionsgebühr jährlich betragen

    a. bei Zeitungen, welche wöchentlich sechs= oder mehrmal erscheinen, wenigstens 2 Thaler oder 3 Gulden Oesterr. Währ. oder 3 fl. 30 kr. Südd. Währ. und höchstens 6 Thaler oder 9 Gulden Oesterr. Währ. oder 10 fl. 30 kr. Südd. Währ.,

    b. bei Zeitungen, welche weniger als sechsmal in der Woche erscheinen, wenigstens 1 Thlr. 10 Sgr. oder 2 Gulden Oesterr. Währ. oder 2 fl. 20 kr. Südd. Währ. und höchstens 4 Thlr. oder 6 Gulden Oesterr. Währ. oder 7 fl. Südd. Währ.;

2) für nicht politische Zeitungen und Journale beträgt die Speditionsgebühr durchweg und ohne Beschränkung auf ein Minimum oder Maximum fünfundzwanzig Procent des Nettopreises, zu welchem die absendende Postanstalt die Zeitschrift von dem Verleger bezieht.

Ob eine Zeitung als eine politische oder als eine nicht politische zu betrachten sei, hat die Postverwaltung desjenigen Postgebiets zu entscheiden, in welchem der Verlagsort gelegen ist.

Art. 46.

Eine Ermäßigung der in dem vorstehenden Artikel bezeichneten Speditionsgebühren, wenn im einzelnen Falle besondere Gründe dafür sprechen, ist dem Uebereinkommen der betheiligten Postverwaltungen überlassen.

Art. 47.

Die in Art. 45 stipulirte gemeinschaftliche Speditionsgebühr begreift nicht auch die Ablieferung der Zeitschriften in die Wohnungen der Besteller in sich, vielmehr steht der Abgabepostanstalt frei, für diese Ablieferung eine angemessene Bestellgebühr zu erheben, jedoch in keinem höheren, als dem bereits bestehenden Betrage.

Art. 48.

Die bestellende Postanstalt hat an diejenige Postanstalt, von welcher sie eine Zeitung oder ein Journal bezieht, den betreffenden Betrag nach Eingang und Richtigstellung der Rechnung unverzüglich zu berichtigen.

Art. 49.

Wenn eine Zeitschrift vor Ablauf der Zeit, für welche pränumerirt wurde, zu erscheinen aufhört oder verboten wird, so ist dem Abonnenten für die Zeit, in welcher die Lieferung nicht erfolgt, neben der entsprechenden Rate der Speditionsgebühr der vorausbezahlte Preis, soweit er von dem Verleger zum Ersatz gebracht werden kann, zurückzuerstatten.

Art. 50.

Verlangt ein Abonnent die Nachsendung einer Zeitschrift an einen andern, als den Ort, für welchen er die Bestellung gemacht hat, so hat diese Nachsendung (nach der Wahl des Abonnenten) von der Postanstalt des Bestellungs- oder des Verlagsorts zu erfolgen, und haben die betreffenden Postanstalten sich hierüber die erforderliche amtliche Mittheilung zu machen. Für die Nachsendung der Zeitung nach einem in einem andern Vereinsbezirke gelegenen Orte entrichtet der Besteller bis zum Schlusse des Abonnementstermins zu Gunsten derjenigen Postanstalt, bei welcher die Bestellung durch ihn zuerst erfolgt ist, so wie derjenigen, welche die Zeitung bei der Nachsendung zu distribuiren hat, eine zwischen beiden gleichmäßig zu theilende Gebühr von 10 Sgr. oder 50 Kr. Oesterr. Währ. oder 35 Kr. Südd. Währ.

Art. 51.

Ausländische und nach dem Auslande bestimmte vereinsländische Zeitungen.

Die Behandlung der ausländischen und der nach dem Auslande bestimmten vereinsländischen Zeitungen richtet sich nach vorstehenden Bestimmungen in der Weise, daß die betreffende Grenzpostanstalt, bei welcher die Zeitungsbestellung erfolgt, als Verlags- und resp. Abgabsort angesehen wird. Als Nettopreis wird hierbei der Einkaufspreis angenommen.

Der Zeitungsverkehr eines an das Ausland grenzenden Vereins-Postbezirks mit dem Auslande hat nicht als Vereinsverkehr zu gelten, und ist deßhalb den vorstehenden Bestimmungen an sich nicht unterworfen.

C. Fahrpost.

Art. 52.

Gemeinschaftliches Porto.

Die sämmtlichen Vereinspostbezirke stellen auch bezüglich der Vereins=Fahrpostsendungen ohne Rücksicht auf die Gebiets=grenzen Ein ungetheiltes Postgebiet dar.

Art. 53.

Vereinsfahrpostsendungen.

Vereins=Fahrpostsendungen sind solche Fahrpostsendungen, bei denen der Aufgabeort und der Bestimmungsort in verschie=benen Vereinspostbezirken liegen.

Bei Sendungen aus und nach fremden, zum deutschen Postvereine nicht gehörenden, Staaten wird dasjenige Postge=biet, welchem die Sendung unmittelbar vom Auslande zugeht, als Postgebiet des Aufgabeortes, und dasjenige Postgebiet, von welchem die Sendung unmittelbar an das Ausland ausgeliefert wird, als Postgebiet des Bestimmungsortes angesehen.

Fahrpostsendungen, welche in unmittelbarem Wechselverkehre zwischen einer Grenzpostverwaltung und dem Vereins=Auslande vorkommen, gehören nicht zu den Vereinssendungen.

Art. 54.

Portoberechnung.

Das Porto für alle im Vereinsverkehre vorkommenden Fahrpostsendungen wird nach der geradlinigen Entfernung zwi=schen Abgangs= und Bestimmungsorts, ohne Rücksicht auf die Spedition, in Einer Summe berechnet.

Art. 55.

Festsetzung der Entfernungen.

Die Entfernungen bis einschließlich 20 Meilen werden un=mittelbar von Ort zu Ort gemessen.

Bei größeren Entfernungen erfolgt die Messung nach den Mittelpunkten von Quadraten, deren Seiten je einer Länge von 4 Meilen entsprechen.

Alle in demselben Quadrate gelegenen Orte haben die Taxe des Mittelpunktes.

Die von Quadratseiten durchschnittenen Postorte werden dem östlich, südlich oder südöstlich angrenzenden Quadrate zugezählt.

Für den Vereins-Fahrpostverkehr mit dem Vereins-Auslande gelten hinsichtlich der Messung und der Berechnung der Taxen die in den Verträgen vereinbarten Grenzpunkte, beziehungsweise die Mittelpunkte der Quadrate, in welchen dieselben liegen.

Art. 56.
Fahrposttarif.

Für jede Fahrpostsendung wird ein Gewichtporto, und bei Sendungen mit declarirtem Werthe außerdem ein Werthporto berechnet.

Art. 57.
Gewichtporto.

Das Gewichtporto beträgt für jedes Pfund auf 4 Meilen ¹⁄₆ Silbergroschen.

Ueberschießende Pfundtheile werden für ein volles Pfund, überschießende Meilen für volle 4 Meilen gerechnet.

Das Porto wird in der Münzwährung des Postbezirks berechnet, in welchem dasselbe zur Erhebung kommt.

Die nach Maßgabe der vorstehenden Taxbestimmungen in Silbergroschen ausgerechneten Portosätze werden in Postgebieten mit anderer Währung möglichst genau nach den gegenseitig mitzutheilenden Reductionstabellen auf die Erhebungsmünze reducirt. Taxbruchtheile werden auf ¼ Sgr. resp. 1 Kr. oder den entsprechenden Betrag in der Landesmünze erhöht.

Art. 58.
Minimalsätze des Gewichtporto.

Als Minimum des Gewichtporto wird für die gesammte Taxirungsstrecke erhoben:

			Oesterr. Währ.	Südd. Währ.
bis einschl. 8 Meilen:	2 Sgr.	=	10 Neukr. =	7 Kr.
über 8—16 »	3 »	=	15 » =	10 »
» 16—24 »	4 »	=	20 » =	14 »
» 24—32 »	5 »	=	25 » =	18 »
» 32 »	6 »	=	30 » =	21 »

Für Sendungen bis einschl. 1 Pfund wird auf Entfernun=

gen bis einschl. 4 Meilen das Minimalporto mit 1½ Sgr. oder 7 Neukr. Oesterr. Währ. oder 5 Kr. Südb. Währ. erhoben.

Art. 59.
Werthporto.

Das Werthporto beträgt:

	bis einschießl. 50 Thlr. = 75 fl. Oest. W. = 87½ fl. Südb. Währ.	üb. 50—100 Thlr. = 75 — 150 fl. Oesterr. Währ. = 87½—175 fl. Südb. Währ.	für jedeweitere 100 Thlr. = 150 fl. Oeft.W. =175fl.Süb. Währ.
bis einschl. 12 Meil.	½ Sgr.	1 Sgr.	1 Sgr.
über 12 — 48 »	1 »	2 »	2 »
über 48 »	2 »	3 »	3 »

Bezüglich der Sendungen über 1000 Thlr., 1500 fl. Oesterr. Währ. oder 1750 fl. Südb. Währ. tritt für den diese Summe übersteigenden Theil der Sendung eine Ermäßigung des Werthporto auf die Hälfte ein.

Die Erhebung des Werthporto, beziehungsweise dessen Reduction in die Landesmünze, erfolgt nach Maßgabe der in Art. 57 enthaltenen Bestimmungen.

Art. 60.
Sendungen gegen Rückschein.

Der Absender einer nach einem Orte des Vereinsgebietes bestimmten Fahrpostsendung kann bei der Aufgabe die Beibringung einer Empfangsbescheinigung des Adressaten (Retour = Recepisse) begehren. Er hat dafür eine Gebühr von 2 Sgr. oder 10 Oesterr. Neukreuzern oder 6 Kreuzern Südb. Währ. zu Gunsten der absendenden Postanstalt bei der Aufgabe der Sendung zu bezahlen.

Art. 61.
Nachnahmen.

Bei jeder Vereinspostanstalt können auf jede andere Vereinspostanstalt Beträge bis zur Höhe von 50 Thalern oder 75 Fl. Oesterr. Währ. oder 87½ Fl. Südb. Währ. nachgenommen werden. Nachnahmen von Transportauslagen und Spesen, welche auf Sendungen haften, sind auch zu einem höheren Betrage zulässig.

Denjenigen Sendungen, auf welchen eine Nachnahme haftet, sind Rückscheine beizugeben.

Die Auszahlung des Betrages am Orte der Aufgabe kann im Allgemeinen und selbst bei einer vorschriftswidrig verzögerten Einsendung des Rückscheins nicht eher verlangt werden, als bis der Rückschein mit der Bemerkung, daß die Einlösung erfolgt sei, zurückgekommen ist.

Für Nachnahmesendungen wird das Fahrpostporto und daneben eine Gebühr von 1 Sgr. oder 5 Neukr. Oesterr. Währ. oder 3 Kr. Südb. Währ. als Minimum, sonst aber von der nachgenommenen Summe für jeden Thaler oder Theil eines Thalers ½ Sgr. und für jeden Gulden oder Theil eines Guldens

    a. Oesterreichischer Währung $1^4/_{10}$ Neukr.,

    b. Süddeutscher Währung 1 Kr. erhoben.

Eine Vorausbezahlung des Porto und der Gebühr ist nicht nothwendig; doch kann die Zahlung nicht getrennt erfolgen.

Die Gebühr wird erhoben in der Währung des Aufgabepostbezirks.

Von dem Zeitpunkte an, mit welchem die Gebühr zur gemeinschaftlichen Einnahme gehört (Art. 69), wird dieselbe in der Währung des Postbezirks angesetzt, wo sie zur Erhebung kommt.

Für die Rücksendung oder Nachsendung von Nachnahme-Sendungen wird die Gebühr nicht noch einmal angesetzt. Nachnahmebriefe bis 4 Loth ausschließlich ohne Werthangabe bleiben auch vom Retourporto frei.

Sendungen, auf denen Nachnahme haftet, sind ausschließlich mit der Fahrpost zu befördern, mit Ausnahme der Fälle, wo Vereinspostanstalten ohne Fahrpostexpedition bestehen.

Art. 62.
Baare Einzahlungen.

Bei jeder Vereinspostanstalt können Beträge bis zur Höhe von 50 Thlr. oder 75 fl. Oesterr. Währ. oder 87½ fl. Südb. Währ. zur Wiederauszahlung an einen bestimmten innerhalb des Vereinsgebietes wohnenden Empfänger eingezahlt werden. Die Auszahlung erfolgt sofort nach dem Eingange des Briefes ober der Adresse bei der Postanstalt des Bestimmungsortes. Stehen jedoch die erforderlichen Geldmittel dieser Postanstalt augenblicklich nicht zur Verfügung, so kann die Auszahlung erst verlangt werden, nachdem die Beschaffung der Mittel erfolgt ist.

Für Sendungen mit baaren Einzahlungen wird das Fahrpostporto und daneben eine Gebühr erhoben, welche beträgt für je 5 Thlr. — 1 Sgr., für je 5 fl. Österr. Währ. — 3⅓ Österr. Neukr. und für je 5 fl. Südd. Währ. — 2 Kr. Die Gebühr wird in der Währung des Postbezirks angesetzt, wo dieselbe zur Erhebung kommt.

Eine Vorausbezahlung des Porto und der Gebühr ist nicht nothwendig, doch kann die Zahlung nicht getrennt erfolgen.

Die Gebühr ist auch dann zu entrichten, wenn die Auszahlung des eingezahlten Betrags aus irgend einem Grunde nicht erfolgen kann und das Geld dem Einzahlenden zurückgegeben werden muß.

Bei Retoursendungen findet eine Erhebung von Porto und Gebühr für den Rückweg nicht statt. Für die Nachsendung wird nur das Porto — ohne die Gebühr — noch einmal angesetzt.

Die Beförderung erfolgt mit der Fahrpost, mit Ausnahme der Fälle wo Vereinspostanstalten ohne Fahrpostexpedition bestehen.

Art. 63.
Begleitbriefe.

Begleitbriefe zu Fahrpostsendungen sollen in der Regel das Gewicht eines einfachen Briefes nicht übersteigen, und werden in diesem Falle mit besonderem Porto nicht belegt. Ist ein Begleitbrief ausnahmsweise 1 Loth oder darüber schwer, so wird er mit dem Fahrpostporto belegt.

Bei unbestellbaren schwereren Begleitbriefen bis zum Gewicht von 4 Loth ausschließlich wird für die Rücksendung kein Porto erhoben.

Art. 64.
Mehrere Stücke zu demselben Begleitbriefe.

Gehören mehrere Sendungen zu demselben Begleitbriefe, so wird für jedes Stück das Gewicht- und eventuell das Werthporto besonders berechnet.

Art. 65.
Frankirungsfreiheit.

Es ist freigestellt, die Sendungen entweder unfrankirt auf=
zugeben, oder vollständig bis zum Bestimmungsorte zu frankiren.

Art. 66.
Nebengebühren.

Erhebungen an Schein= und sonstigen Nebengebühren sol=
len da, wo sie bestehen, über die dermaligen Sätze nicht erhöht
und neue dergleichen nicht eingeführt werden.

Art. 67.
Portoberechnung bei Zurück= oder Nachsendung.

Zurückgehende und weitergehende Sendungen werden, mit
den in den Art. 61, 62, 63 bezüglich des Retourporto vorbe=
haltenen Ausnahmen, wie Sendungen behandelt und taxirt,
welche an dem Orte, von wo aus die Zurücksendung beziehungs=
weise Nachsendung erfolgt, nach dem ursprünglichen Aufgabe=
orte beziehungsweise dem neuen Bestimmungsorte aufgegeben
werden.

Art. 68.
Portofreiheiten und Portoermäßigung.

Ueber Portofreiheit im Vereins=Fahrpostverkehre gelten die
nachstehenden Grundsätze:

1) Die gewöhnlichen Schriften= und Actensendungen in rei=
nen Staatsdienst=Angelegenheiten (Officialsachen) von
Staats= und andern öffentlichen Behörden des einen
Postgebietes mit solchen Behörden eines andern sind, auch
bei Beförderung mittelst der Fahrpost, portofrei, wenn
sie in der Weise, wie es in dem Postbezirke der Aufgabe
für die Berechtigung zur Portofreiheit vorgeschrieben ist,
als Staatsdienstsache bezeichnet und mit dem Dienstsiegel
verschlossen sind, auch auf der Adresse die absendende Be=
hörde angegeben ist. Die Werth= und Vorschußsendun=
gen, auch Baarzahlungen der gedachten Behörden sind
im Postvereins=Verkehre portopflichtig.

2) Alle Geld= und sonstigen Fahrpostsendungen, welche zwi=
schen den Vereins=Postbehörden und Postanstalten unter
einander im dienstlichen Verkehre vorkommen, mit dem

Dienſtſiegel der abſendenden Behörde oder Anſtalt ver=
ſchloſſen, und als Poſtdienſtſache und mit dem Namen
der abſendenden Stelle bezeichnet ſind, werden allſeitig
portofrei behandelt.

3) Fahrpoſtſendungen jeder Art, welche auf Grund bereits
beſtehender, zwiſchen Regierungen oder Poſtverwaltungen
abgeſchloſſener, Verträge vollſtändig portofrei von dem
Aufgabe= bis zu dem Beſtimmungsorte zu befördern ſind,
bleiben auch ferner portofrei.

4) Bezüglich der Fahrpoſtſendungen der Mitglieder der Re=
gentenfamilien der Poſtvereinsſtaaten, ſowie des Fürſt=
lichen Hauſes Thurn und Taxis, verbleibt es bei den
bisherigen Grundſätzen.

5) Alle Fahrpoſtſendungen anderer Art ſind im Poſtvereins=
Verkehre vom Abgangs= bis zum Beſtimmungsorte porto=
pflichtig.

Für Fahrpoſtſendungen aus dem Heimathslande an die
außerhalb deſſelben zu Bundeszwecken dislocirten Soldaten vom
Feldwebel (Wachtmeiſter) abwärts iſt bis zum Gewichte von
6 Pfund einſchließlich und bis zu dem Werthe von 20 Thlr.
einſchließlich die Hälfte des treffenden Gewicht= und Werthporto,
jedoch mit Beſchränkung der ermäßigten Taxe auf ein Minimum
von 4 Sgr., in Anſatz zu bringen.

Art. 69.
Vertheilung der Portoeinnahme.

Die Geſammt=Portoeinnahme aus den Vereins=Fahrpoſtver=
kehre wird unter ſämmtliche Vereins=Verwaltungen, welche ein
eigenes Fahrpoſtweſen beſitzen, vertheilt. Die Gebühren für
Nachnahmen und baare Einzahlungen gehören zur gemeinſchaft=
lichen Einnahme erſt von dem Zeitpunkte an, mit welchem neu
ermittelte Procentantheile in Anwendung kommen. Bis zu die=
ſem Zeitpunkt wird die Gebühr für Nachnahmen von der vor=
ſchußleiſtenden Poſtanſtalt, die Gebühr für baare Einzahlungen
von der Poſtanſtalt des Beſtimmungsorts bezogen.

Zur Ermittelung des Antheils der einzelnen Verwaltungen
an der Geſammteinnahme wird unter Zugrundelegung der nach=
bezeichneten Entfernungsſtrecken das Porto für ſämmtliche in den
Karten vom 6., 11., 16., 21., 26. und letzten Tag der zwölf
Monate eines Jahres eingetragene portopflichtige Fahrpoſtſen=
dungen nach dem zur Zeit des Zuſammentritts der Tarirungs=

Commiſſion (Art. 70) gültigen Vereinsfahrpoſt-Tarife, jedoch für jedes Gebiet abgeſondert, berechnet.

Als Entfernungsſtrecken für jedes einzelne Poſtgebiet werden die direkten Entfernungen vom Abgangsorte bis zur Grenz-Ausgangspoſtanſtalt und von der Grenz-Eingangspoſtanſtalt bis zum Beſtimmungsorte (bei tranſitirenden Sendungen von der Grenz-Eingangspoſtanſtalt bis zur Poſtanſtalt an der Ausgangsgrenze) angeſehen.

Zu den hiernach ermittelten Entfernungen werden je 2 Meilen hinzugerechnet.

Da wo die Grenz-Eingangspoſtanſtalt zugleich den Beſtimmungsort, beziehungsweiſe die Grenz-Ausgangspoſtanſtalt den Aufgabeort bildet, wird die Entfernungsſtrecke auf 4 Meilen angenommen.

Die Gebühr für Nachnahmen wird für die Verwaltung der vorſchußleiſtenden Poſtanſtalt, die Gebühr für baare Einzahlungen für die Verwaltung der Poſtanſtalt des Beſtimmungsorts in Anſatz gebracht.

Aus dem Verhältniſſe aller für die einzelnen Poſtgebiete hiernach ermittelten Portoſummen ergibt ſich der Procentſatz, mit welchem jede Verwaltung an der Geſammt-Fahrpoſteinnahme Theil zunehmen hat.

Jede Vereinsverwaltung iſt berechtigt, eine neue Ermittelung der Procentſätze herbeizuführen. Sobald das desfallſige Verlangen den übrigen Verwaltungen mitgetheilt iſt, gelten die bis dahin in Kraft geweſenen Procentſätze nur noch für das laufende Quartal. Vom erſten Tage des nächſtfolgenden Quartals an werden diejenigen Procentſätze maßgebend, die ſich nach der in Gemäßheit der vorſtehenden Beſtimmungen zu beſchaffenden neuen Austarirung der Sendungen ergeben haben. Dieſe Austarirung hat ſich auf das mit demſelben Quartalstage beginnende Jahr zu erſtrecken. Bis die Arbeiten der Tarirungs-Commiſſion vollendet ſind, erfolgt, vorbehaltlich ſpäterer Ausgleichung, die Vertheilung der Fahrpoſteinnahme vorläufig nach den bis dahin gültig geweſenen Procentſätzen.

Das Ergebniß jeder Ermittelung der Procentantheile bleibt wenigſtens 2 Jahre in Kraft.

Die am Schluſſe des Jahres 1860 beſtehenden Procentſätze bleiben noch bis zum 30. Juni 1861 gültig. Für die Zeit vom 1. Juli 1861 an findet nach Maßgabe der vorſtehenden Beſtimmungen eine neue Ermittelung der Procentſätze ſtatt.

Art. 70.

Commission zur Ermittelung der Procentsätze.

Die Ermittelung der Procentsätze, mit welchen die einzelnen Vereins-Verwaltungen an der Gesammt-Fahrposteinnahme Theil zu nehmen haben, erfolgt durch eine für diesen Zweck zeitweilig zusammentretende Commission.

Die Art der Zusammensetzung, die Zeit des Zusammentritts, der Sitz, die Leitung, Geschäftsführung u. s. w. der Commission wird von den Vereinsverwaltungen durch besondere Verabredung festgesetzt.

Art. 71.

Transitverhältnisse.

Hinsichtlich der Berechnung und des Bezuges der Porto-antheile für Transitleistungen bleiben auch bei künftigen Ermittelungen die Verhältnisse vor dem 1. Juli 1858, wie solche bereits bei Ermittelung der jetzt geltenden Procentsätze berücksichtigt worden sind, unter nachfolgenden Bestimmungen maßgebend:

1) Diejenigen Strecken, auf denen bis zur genannten Zeit ein Transit ohne Bezug von Transitporto oder Transitvergütung stattgefunden hat, bleiben bei Ermittelung der Einnahmeantheile auch künftig außer Betracht.

2) Diejenigen Strecken dagegen, auf denen das volle Transitporto nach Maßgabe des Vereinstarifs bezogen und erhoben wurde, kommen bei der Tarirung behufs Ermittelung des Procentsatzes nach ihrer Länge in directer Entfernung auch künftig zu Gunsten der betreffenden transitleistenden Verwaltungen in Berechnung.

3) Für solche Strecken, auf denen statt des vollen Transit-porto nur eine bestimmte, nach den einzelnen Sendungen bemessene Quote desselben bezogen wurde, ist der Tarirung für die Procentsatz-Ermittelung auch nur diese Quote zum Grunde zu legen.

4) Für diejenigen Fälle, in welchen für den Transit Abfindungssummen, Pauschalvergütungen ꝛc. gezahlt worden sind, wird festgesetzt,

    a. daß da, wo der ursprünglichen Bemessung dieser Abfindungssummen, Pauschalvergütungen u. s. w. eine bestimmte Quote des normalen Transitporto nachweisbar zum Grunde liegt, eben diese Quote für die Tarirung zum Zwecke der Procentsaß-Ermittelung maßgebend ist, daß hingegen

b. da, wo für die Abfindungssummen, Pauschalvergütungen u. s. w. eine solche nachweisbare Grundlage fehlt, während der Zeit von zwei Monaten für die auf der betreffenden Strecke transitirenden Fahrpost-Sendungen das normale Transitporto zu notiren und auf Grund dieser Notizen resp. ihrer Vergleichung mit der stipulirten Abfindungssumme oder Pauschalvergütung, die entsprechende Quote des normalen Transitporto zu ermitteln ist.

Die in beiden Fällen eintretende Ermittelung des Verhältnisses ist durch eine Verständigung zwischen den bei der Benutzung der betreffenden Transitstrecken betheiligten Postverwaltungen festzustellen und mit einer sachgemäßen Ausführung der Tarirungs-Commission zum Behufe der Procentsaß-Ermittelung mitzutheilen.

5) Wo in Absicht auf die Transitverhältnisse das Gebiet einer Vereinsverwaltung ganz oder theilweise dem Gebiete einer andern Vereinsverwaltung zugerechnet wurde, bleibt, mit Ausnahme der unter Nr. 6 gedachten besondern Fälle, auch künftig dieses Verhältniß bestehen, so daß demnach die letztere Verwaltung das Porto für diejenigen Strecken eines fremden Bezirkes, welche ihr bisher schon zugerechnet wurden, bezieht, wogegen sie, nach wie vor, an die betreffende andere Verwaltung die bisherige Vergütung zu zahlen hat.

6) Glaubt eine Vereinsverwaltung, abweichend von den vorstehenden Bestimmungen, an eine andere Verwaltung für die Durchführung von Vereinssendungen höhere Anforderungen stellen zu können, so bleibt die Verständigung hierüber den betheiligten Verwaltungen überlassen, ohne daß dadurch ein Einfluß auf eine veränderte Procentberechnung geübt wird.

7) Neue Transitstrecken, welche seit dem 1. Juli 1858 zur Benutzung gelangt sind, werden nur dann in Berechnung gezogen, wenn an einem Punkte derselben die Annahme oder Abgabe von Postgegenständen stattfindet.

Die Berechnung erfolgt alsdann bei der jeweiligen Procentsaßermittelung in der Weise, daß für Transitstrecken bis zu einer Länge von zwei Meilen einschließlich die Hälfte des ersten Progressionssaßes resp. des Minimal- oder Werthportosaßes, und für Transitstrecken von mehr als zwei Meilen das volle Porto

3

in Ansatz zu kommen hat, insofern nicht besondere Vertragsver-
hältniſſe eine ſolche Berechnung beſchränken oder ausſchließen.

8) Werden die Transportſtrecken eines Poſtbezirks durch
zwiſchenliegendes fremdes Vereinsgebiet unterbrochen, ſo hat bei
der Taxirung behufs der Procentſaßermittelung eine Zuſammen-
rechnung der einzelnen ſolchergeſtalt unterbrochenen Transportſtrecken ſtattzufinden, insofern nicht das zwiſchenliegende Gebiet
in Abſicht auf den Tranſit dem Gebiete zugerechnet wird, dem
die getrennten Transportſtrecken angehören.

9) Der interne Tranſit, d. h. die Beförderung von internen Sendungen zwiſchen verſchiedenen Theilen eines und deſſelben Poſtbezirks im Tranſit durch fremdes zwiſchenliegendes Vereinsgebiet, wird durch die Feſtſeßungen über das Vereinsfahr-
poſtweſen in keiner Weiſe berührt, vielmehr bleiben die betreffenden Verträge, ſo weit ſie ſich auf den internen Tranſit erſtrecken, unverändert in Kraft.

Das Porto für dergleichen interne Sendungen, welche durch
fremdes Vereinsgebiet tranſitiren, gelangt nicht zur gemeinſchaft-
lichen Vertheilung. Alle dieſen internen Tranſit, ſo wie den
etwa damit verbundenen Tranſit von Vereinsſendungen betreffenden Verhältniſſe bleiben, nach wie vor, der freien Vereinbarung der betheiligten Poſtverwaltungen überlaſſen; durch dergleichen Vereinbarungen darf aber das Verhältniß dem Vereine
gegenüber nicht alterirt werden.

Art. 72.
Abrechnung.

Jede Vereinsverwaltung weiſt die von ihren Poſtanſtalten
für den Verein erhobenen Fahrpoſt-, Porto- und Francobeträge
durch Aufſtellungen nach, welche ſich die Rechnungsbehörden der
mit einander in Kartenwechſel ſtehenden Vereins-Poſtanſtalten
gegenſeitig zur Prüfung und Anerkennung zuſenden.

Die Ergebniſſe dieſer Nachweiſungen werden von einer durch
die übrigen Verwaltungen zu wählenden Vereinsverwaltung zu-
ſammengeſtellt. Dieſelbe hat nach Maßgabe der Procentſätze,
welche von der Commiſſion (Art. 70) feſtgeſtellt ſind, den wirklichen Antheil jeder Verwaltung an der Geſammt-Fahrpoſteinnahme zu ermitteln, und unter Mittheilung des Rechnungsab-
ſchluſſes an ſämmtliche Vereinspoſtverwaltungen die erforderliche
Salbirung herbeizuführen.

Ueber den Abrechnungsmodus, die Controle der Einnahme-

Nachweisungen, die Revision der Karten ꝛc. werden zwischen den Vereins-Postverwaltungen besondere Ausführungsbestimmungen vereinbart.

Art. 73.
Abrechnung über unanbringliche Sendungen.

Das Porto für unanbringliche Fahrpostsendungen trägt zunächst diejenige Verwaltung, nach deren Gebiet diese Sendungen zurückgekommen sind.

Dagegen bleibt dieser Verwaltung der Erlös aus dem Verkaufe der in den Sendungen enthaltenen Gegenstände überlassen.

Deckt der Erlös das Porto und die sonstigen Kosten nicht, so steht es der betreffenden Verwaltung frei, den ungedeckten Betrag zu liquidiren. Die Liquidation wird von einer andern Vereinsverwaltung bescheinigt, und der Betrag von der gemeinschaftlichen Fahrposteinnahme in Abzug gebracht.

Art. 74.
Portoniederschlag.

Niedergeschlagenes oder zurückgezahltes Porto wird in derselben Weise liquidirt, beziehungsweise der betheiligten Verwaltung erstattet, wie dies im vorhergehenden Artikel bezüglich der ungedeckt gebliebenen Portobeträge für unanbringliche Sendungen vorgesehen ist.

Ist eine Postverwaltung durch gesetzliche oder administrative Bestimmungen zur Niederschlagung oder Rückzahlung eines Portobetrages veranlaßt, so soll die Bescheinigung der Liquidation in Bezug auf die Nothwendigkeit der Niederschlagung nicht beanstandet werden.

Art. 75.
Gewährleistung.

Für den Verlust oder die Beschädigung der zur Postbeförderung vorschriftsmäßig übergebenen Sendungen, mit alleiniger Ausnahme des durch Krieg oder unabwendbare Folgen von Naturereignissen herbeigeführten Schadens, wird nach Maßgabe der folgenden Bestimmungen Ersatz geleistet:

1) Dem Absender bleibt es freigestellt, den Werth der Sendung entweder nach dem wahren Werthe, oder nur theilweise oder gar nicht zu declariren.

Ist bei der Aufgabe eine Werthdeclaration erfolgt, so ist dieselbe bei der Feststellung des von Seiten der Postverwaltung in Verlust- oder Beschädigungsfällen zu leistenden Ersatzes maßgebend.

Beweist jedoch die Postverwaltung, daß die Declaration den wahren Werth der Sache übersteigt, so hat sie nur den letzteren zu ersetzen.

Vermag dagegen der Reclamant den Nachweis zu erbringen, daß und um wie viel der wirkliche Werth des Inhalts der Sendung die Werthsdeclaration überstiegen habe, so ist im Falle eines theilweisen Verlustes (Abgangs) oder einer Beschädigung der Theil des wirklich erlittenen Schadens zu ersetzen, welcher sich nach dem Verhältnisse ergibt, in welchem der declarirte Werth der Sendung zu dem wirklichen steht.

Die Werthsdeclaration soll in der Landeswährung des Aufgabebezirks erfolgen; der absendenden Postanstalt gegenüber haben die anderen Postverwaltungen nur die in jener Landeswährung angegebene oder darauf reducirte Summe zu vertreten.

Die Werthsdeclaration soll bei Sendungen mit Begleitbriefen sowohl auf dem Begleitbriefe, als auf der Sendung selbst, angegeben sein. Wenn aber der Werth einer zur Postbeförderung angenommenen Sendung nur auf dem Begleitbriefe und nicht auch auf der Sendung selbst angegeben sein sollte, so übt dieses auf die Ersatzleistung keinen Einfluß. Dasselbe gilt von dem Falle, wo die Werthsdeclaration zwar nur auf der Sendung selbst, nicht auch auf dem Begleitbriefe enthalten ist, die Sendung aber gleichwohl zur Postbeförderung angenommen und entweder dem Aufgeber eine Bescheinigung über eine geschehene Werthangabe ertheilt oder die Sendung mit dem fraglichen Werthe in die Postbücher eingetragen worden ist. Ist der Werth einer Sendung nicht übereinstimmend auf Begleitbrief und Sendung angegeben, so ist die Werthangabe auf dem Begleitbriefe für Portoberechnung und Ersatzleistung entscheidend.

Die Postanstalt, welche eine nicht mit der vorschriftsmäßigen Werthsdeclaration versehene Sendung, für welche gleichwohl nach dem Vorhergehenden zu haften sein würde, annimmt, hat für die Nachholung des Erforderlichen zu sorgen, widrigenfalls sie für alle aus der Behandlung des Stücks als Sendung ohne Werthangabe hervorgehenden Nachtheile verantwortlich ist.

Findet sich in einer wegen beschädigter Emballage unterwegs von einer Postanstalt anderweit verpackten Sendung ein die Declaration übersteigender Werthinhalt vor, so bleibt für die Haftung der Post die Declaration des Absenders maßgebend.

2) Beim Verluste von nicht declarirten Sendungen oder

beim Abgang an denselben wird ein Ersatz von 10 Sgr. oder 50 Nkr. Oesterr. Währ. oder 30 Kr. Südd. Währ. für jedes abhanden gekommene Pfund oder den Theil eines Pfundes geleistet. Bei Beschädigungen nicht declarirter Sendungen wird der wirklich entstandene Schaden, jedoch nur bis zu dem Maximalbetrage von 10 Sgr. oder 50 Nkr. Oesterr. Währ. oder 30 Kr. Südd. Währ. für jedes beschädigte Pfund erstattet.

3) Für Beschädigungen oder Abgang am Inhalte einer Sendung haben die Postverwaltungen nur dann zu haften, wenn eine vorhandene äußerlich erkennbare Beschädigung in unzweifelhaftem Zusammenhange mit der vorhandenen inneren Beschädigung beziehungsweise dem Abgange steht.

Außer diesem Falle tritt die Haftpflicht einer Postverwaltung nur dann ein, wenn ihr ein besonderes Verschulden und die geschehene Auflieferung eines unbeschädigten Inhaltes, sowie dessen gehörige Verpackung vollständig nachgewiesen wird.

Die ohne Erinnerung geschehene Annahme einer Sendung oder die Empfangsbescheinigung des Abreffaten begründet bis zum Gegenbeweise die Vermuthung für den unversehrten Zustand der Sendung.

4) Für einen durch verzögerte Beförderung entstandenen Schaden leistet die Postverwaltung innerhalb der für den Verlustfall gezogenen Grenzen nur dann Ersatz, wenn die Verspätung nachweislich durch das Verschulden der Post herbeigeführt und die Sache dadurch in ihrer Substanz verdorben ist.

5) Für Verluste und Beschädigungen, welche auf dem Transporte durch eine dem Vereine nicht angehörige Beförderungsanstalt eintreten, findet ein Ersatzanspruch, den Vereins-Postverwaltungen gegenüber, nicht Statt. Dagegen haben bei dießfälligen Reclamationen zunächst diejenigen Postanstalten, von welchen die Sendungen unmittelbar dem Auslande zugeführt worden sind, den Aufgeber zu vertreten, und demselben, falls ihre Bemühungen erfolglos bleiben sollten, alle vorliegenden Mittel (Urkunden über die Ablieferung der Sendung u. s. w.) an die Hand zu geben, welche ihn in den Stand setzen können, seine Ansprüche der ausländischen Beförderungsanstalt gegenüber selbst weiter zu verfolgen.

6) Den Parteien gegenüber liegt die Ersatzpflicht derjenigen Postverwaltung ob, welcher die Postanstalt der Aufgabe angehört.

Der Ersatzanspruch ist von Seiten des Absenders, und nur

so fern dieser nicht zu ermitteln ist, oder die Verfolgung seines Anspruchs dem Adressaten zuweist, von letzterem zu erheben.

Der Ersatz kann gegenüber der Postverwaltung nur innerhalb eines halben Jahres, vom Tage der Aufgabe an gerechnet, beansprucht werden.

7) Der den Ersatz leistenden Verwaltung bleibt es überlassen, eintretenden Falles den Regreß an diejenige Verwaltung zu nehmen, in deren Bezirk der Verlust oder die Beschädigung entstanden ist. Es gilt hierfür bis zur Führung des Gegenbeweises diejenige Postverwaltung, welche die Sendung von der vorhergehenden Verwaltung unbeanstandet übernommen hat, und weder die Ablieferung an den Adressaten, noch auch in den betreffenden Fällen die unbeanstandete Ueberlieferung an die nachfolgende Vereinspostverwaltung nachzuweisen vermag.

Von der Bestimmung, daß mit der unbeanstandeten Uebernahme die Haftpflicht auf die übernehmende Verwaltung übergeht, tritt in dem Falle eine Ausnahme ein, wo es sich um eine Spoliation oder Beschädigung handelt, welche ohne eine leicht wahrnehmbare Verletzung der Emballage oder des Verschlusses, sowie ohne Herbeiführung einer Gewichtsdifferenz verübt worden ist, und deren Entstehung nicht hat ermittelt werden können.

In diesem Falle haben die betheiligten Verwaltungen zu dem Schadenersatze in einem nöthigenfalls durch Schiedsrichterspruch (s. Nr. 8) festzustellenden Verhältnisse beizutragen.

8) Können bei Reclamationsfällen die betheiligten Verwaltungen sich darüber nicht einigen, ob den ermittelten Umständen nach angenommen werden könne, daß die Beschädigung oder der Abgang stattgefunden, während sich die Sendung in den Händen der Post befunden, dem Reclamanten also überhaupt ein Ersatz zu gewähren sei, oder darüber, ob und in welchem Maße die eine oder die andere Postverwaltung den Ersatz zu leisten bezw. dazu beizutragen hat, so kann auf eine schiedsrichterliche Entscheidung provocirt werden. Diese hat sich zunächst, sofern auch dieser Punkt noch streitig, darauf zu beziehen, ob im concreten Falle dem Reclamanten überhaupt ein Ersatz zu gewähren sei, sodann aber auch darauf, welche von den betheiligten Verwaltungen und mit welchen Beträgen sie zu dem zu gewährenden Ersatz beizutragen haben.

Das Schiedsgericht wird in einem solchen Falle, abweichend von den Bestimmungen des Artikels 78, in der Weise gebildet, daß jede der betheiligten Verwaltungen eine andere Verwaltung bezeichnet, die sämmtlichen benannten Verwaltungen aber eine dritte Verwaltung wählen, welche das Schiedsrichteramt zu versehen hat. Falls sich die benannten Verwaltungen über die zu wählende dritte Verwaltung nicht einigen können, so hat jede derselben eine Central-Postbehörde zu bezeichnen und zwischen diesen das Loos zu entscheiden.

In Fällen jedoch, wo es sich um einen Ersatzbetrag bis 20 Thlr. einschließlich handelt und wo die Verwaltungen des Aufgabe- und Bestimmungsortes einverstanden sind, daß eine gemeinschaftliche Ersatzleistung erfolgen soll, findet eine Berufung an ein Schiedsgericht nicht statt und ist die Entschädigung von sämmtlichen beim Transporte betheiligten Verwaltungen zu gleichen Theilen zu tragen.

9) Die vorstehenden Bestimmungen finden Anwendung auf alle zwischen zwei Vereinspostbezirken gewechselten Fahrpostsendungen, ohne Unterschied ob der Verlust im Postbezirk der Aufgabe, oder im Bezirke einer anderen Postverwaltung stattgefunden hat, und ohne Rücksicht darauf, ob in den betreffenden Bezirken für die innerhalb derselben beförderten Sendungen abweichende Vorschriften bestehen.

D. Allgemeine Bestimmungen.
Art. 76.
Aeußere Beschaffenheit und Behandlung der Postsendungen.

In Bezug auf die äußere Beschaffenheit und Behandlung der Postsendungen bei der Auf- und Abgabe und bei der Weiterspedition gelten für den Vereinspostverkehr die zwischen den Vereinsverwaltungen verabredeten besonderen Reglements und Instructionen. Soweit in diesen besondere Bestimmungen nicht getroffen sind, finden die internen Vorschriften der einzelnen Postbezirke Anwendung.

Art. 77.
Verfügungsrecht des Absenders.

Der Absender ist befugt, über die der Postanstalt zur Beförderung übergebenen Sachen so lange auf seine Kosten zu verfügen, als solche nicht an den von ihm bezeichneten Empfänger übergeben worden sind.

Art. 78.
Schiedsrichterliche Entscheidung.

Sollten über die Anwendung einer Bestimmung des Vereinsvertrags Irrungen entstehen, welche sich nicht durch gegen-

seitige Verständigung ausgleichen, so soll darüber eine schieds=
gerichtliche Entscheidung, welcher sich die sämmtlichen Postver=
waltungen zum Voraus unterwerfen, in der Weise herbeigeführt
werden, daß in dem einzelnen Falle jede Partei eine unbethei=
ligte Postadministration aus dem Vereine zum Schiedsrichter=
amte wählt und diese beiden Schiedsrichter sodann eine dritte
unbetheiligte Vereins=Postverwaltung sich zugesellen. Falls die
beiden Schiedsrichter über die ihnen zuzugesellende Verwaltung
sich nicht vereinigen können, so hat jeder derselben eine Verwal=
tung zu bezeichnen und zwischen diesen das Loos zu entscheiden.

Art. 79.
Ausbildung des Vereins.

Die weitere Ausbildung des Vereins und Einführung all=
gemeiner Verbesserungen, Gleichheit der Gesetzgebung, der Regle=
ments und Instructionen ist dem zeitweisen Zusammentritte der
deutschen Postconferenz vorbehalten.

Diese Conferenz wird aus Bevollmächtigten aller Post=
verwaltungen gebildet, welche Mitglieder des deutschen Post=
vereins sind.

Jede der gedachten Postverwaltungen hat das Recht, zur
Postconferenz einen eigenen Bevollmächtigten abzuordnen, oder
den Bevollmächtigten einer andern Verwaltung mit der Wahr=
nehmung ihrer Interessen und der Stimmführung zu betrauen.
Ein Bevollmächtigter darf jedoch nicht mehr als zwei Stimmen
führen, so daß derselbe außer der eigenen Verwaltung nur noch
eine zweite vertreten kann.

Mit dieser Beschränkung ist auch die Uebertragung der
Stimme von einem Abgeordneten auf den andern im Fall etwaiger
Behinderung zulässig.

Stimmeneinhelligkeit erfordern alle Beschlüsse, welche zum
Gegenstande haben:

1) die Dauer und den Umfang des Vereins,
2) eine Veränderung des Vereinstarifs, und was dahin gehört,
   insbesondere auch der Transit= und sonstigen Gebühren,
3) den Bezug und die Theilung des Porto,
4) die directe Einwirkung des Vereins auf die interne Post=
   gesetzgebung der einzelnen Vereinsgebiete,
5) die Portofreiheiten,
6) die getroffenen Verabredungen über die Verhältnisse mit
   fremden Ländern, und
7) die schiedsrichterliche Entscheidung über die bei Anwen=

bung einer Bestimmung des Vereinsvertrages entstandenen Irrungen.

In allen minder wichtigen Fällen genügt die absolute Majorität.

Sowohl bei Beschlüssen mit Stimmeneinhelligkeit, als bei solchen nach absoluter Majorität, bleibt die höchste Ratification vorbehalten; bei Gegenständen reglementarischer Natur bedarf es jedoch lediglich der durch absolute Stimmenmehrheit zu treffenden Vereinbarungen der Vereinsverwaltungen.

Art. 80.
Ratification und Dauer des Vertrags.

Die Ratificationen des gegenwärtigen Vertrags werden bis zum 30. November 1860 erfolgen.

Der Vertrag tritt mit dem 1. Januar 1861 in Wirksamkeit. Derselbe bleibt bis zum Schlusse des Jahres 1870 und von da ab ferner unter Vorbehalt einjähriger Kündigung in Kraft.

Vom 1. Januar 1861 an treten der revidirte Postvereinsvertrag vom 5. December 1851 und die Nachtragsverträge vom 3. September 1855 und vom 26. Februar 1857 außer Wirksamkeit.

Frankfurt a. M., den 18. August 1860.

Für Oesterreich . . . . *Max Löwenthal.*

» Preußen . . . . *Carl Adolph Metzner.*

» Bayern . . . . *Joseph Baumann.*

» Sachsen . . . . *Anton von Zahn.*

» Hannover . . . . *Georg Dieterichs.*

» Württemberg . . . . . . *Friedrich Honold.*

» Baden . . . . *Hermann Zimmer.*

» Luxemburg . . . .

» Braunschweig . . . . . *Friedr. Carl Aug. Ribbentrop.*

» Mecklenburg-Schwerin *Heinrich von Pritzbuer.*

» Mecklenburg-Strelitz . *Heinrich von Pritzbuer,*
vi substitutionis.

» Oldenburg . . . . *Joh. Theodor Gieske.*

» Lübeck . . . . *Hermann Lingnau.*

» Bremen . . . . *Heinrich Wilhelm Bartsch, Dr.*

» Hamburg . . . . *Carl Gustav Hencke.*

» Thurn und Taxis . . . *Ludwig Bang, Dr.*
Georg Wilhelm Meyer.

Gesetz- und Verordnungs-Sammlung.

№ 45.

Braunschweig, den 10. Januar 1861.

Bekanntmachung der Herzogl. Eisenbahn- und Postdirection, das Reglement über den Postvereins-Verkehr betr.
d. d. Braunschweig, den 31. Decbr. 1860.

Das nach Maßgabe des Postvereinsvertrages vom 18. August d. J. vereinbarte und einen integrirenden Theil dieses Vertrages (publicirt unterm 30. d. Mts.) bildende Reglement über den Postvereins-Verkehr wird hierdurch zur öffentlichen Kenntniß gebracht.

Reglement
für den Postvereinsverkehr.

§. 1.
Allgemeine Bestimmungen über die Beschaffenheit und Behandlung der Postsendungen.

Die im Postvereinsverkehre zur Versendung kommenden Gegenstände werden bei den Postanstalten in der Art abgefertigt, daß die Expedition der Briefpostsendungen stets getrennt von derjenigen der Fahrpostsendungen erfolgt.

Zur Briefpost gehören:
1) die Correspondenz der Mitglieder der Regenten-Familien der Postvereins-Staaten und des Fürstlichen Hauses Thurn und Taris;
2) Briefe ohne Werthangabe bis zum Gewichte von 4 Loth ausschließlich:

3) ſchwerere Briefe bis zum Gewichte von ½ ℔ einſchl.,
deren Beförderung mit der Briefpoſt Seitens des Auf=
gebers durch einen Beiſaß auf der Adreſſe oder durch
Frankirung mit Marken verlangt iſt;

4) recommandirte Briefe;

5) Briefe mit Waarenproben, Kreuz= oder Streifband=Sen=
dungen, Zeitungen, Recepiſſe, Rückmeldungen, poſtamt=
liche Anfragen, Laufzettel u. dgl.;

6) die portofreien (amtlichen) Dienſtcorreſpondenzen bis zum
Gewichte von 1 ℔.

Zur **Fahrpoſt** ſind zu rechnen:

1) gewöhnliche Briefe von 4 Loth und darüber, deren Be=
förderung mit der Briefpoſt Seitens des Aufgebers nicht
vorgeſchrieben iſt:

2) Briefe mit declarirtem Werthe;

3) Briefe, auf welche baare Einzahlungen ſtattgefunden
haben;

4) Briefe mit Poſtvorſchüſſen (Nachnahmebriefe);

5) Gelder und Päckereien aller Art.

Briefe, Gelder und Güter müſſen nach Maßgabe der nach=
folgenden Beſtimmungen gehörig adreſſirt und gezeichnet (ſig=
nirt), und haltbar verpackt und verſchloſſen ſein.

§. 2.
Adreſſe.

Die Adreſſe muß den Beſtimmungsort, ſowie die Perſon
Desjenigen, an welchen die Zuſtellung erfolgen ſoll, ſo beſtimmt
bezeichnen, daß jeder Ungewißheit darüber vorgebeugt wird.

Dieß gilt auch bei ſolchen mit poſto reſtante bezeichneten
Gegenſtänden, für welche die Poſt Garantie zu leiſten hat.
Bei gewöhnlichen Briefen mit dem Vermerk »poſte reſtante«
darf ſtatt des Namens des Empfängers eine Angabe in Buch=
ſtaben, Ziffern u. ſ. w. angewendet ſein.

§. 3.
Außenſeite der Briefe.

Außer den, auf die Beförderung oder Beſtellung einer Sen=
dung bezüglichen Angaben darf noch der Name oder die Firma
des Abſenders, ſonſt aber ſoll keine, einer brieflichen Mittheilung
gleich zu achtende Notiz auf der Außenſeite enthalten ſein.

Im Zuwiderhandlungsfalle kann ausnahmsweiſe die Be=

förderung eintreten, insofern nach dem Ermessen des Postbeam=
ten der Annahmestelle aus der Notiz unzweifelhaft erhellet, daß
damit weder eine Entziehung des Porto, noch eine Injurie oder
sonst strafbare Handlung beabsichtigt wird.

§. 4.
Begleitbrief bei Fahrpostsendungen.

Jeder Fahrpost=Sendung, mit Ausnahme derjenigen in
Brief= oder ähnlicher Form bis zum Gewichte von ½ ℔ ein=
schließlich, muß ein Begleitbrief beigegeben sein, welcher mit
Geld oder sonstigen Gegenständen von angegebenem Werthe
nicht beschwert sein darf, übrigens entweder aus einem förm=
lich verschlossenen Briefe oder einer bloßen Adresse bestehen kann,
mindestens jedoch aus einem Viertelbogen Papier gefertigt sein
muß.

§. 5.
Erfordernisse eines Begleitbriefes.

Auf dem Begleitbriefe oder der Begleit=Adresse muß die
äußere Beschaffenheit der Sendung (eine Kiste bloß, eine Kiste
in Leinen, ein Faß u. s. w.), ferner die Bezeichnung (Signa=
tur), und wenn der Werth declarirt wird, die Werthangabe,
enthalten sein. Der Begleitbrief oder die Begleit=Adresse muß
mit einem Abdrucke desselben Petschaftes, mit welchem die Sen=
dung verschlossen ist, versehen sein.

§. 6.
Mehrere Fahrpoststücke zu einem Begleitbriefe.

Zu einem Begleitbriefe können zwar mehrere Stücke gehö=
ren, jedoch nicht zugleich Stücke mit und solche ohne Werthsde=
claration

Gehören mehrere Stücke mit Werthsdeclaration zu einem
Begleitbriefe, so muß auf demselben der Werth eines jeden
Stückes besonders angegeben sein.

§. 7.
Signatur.

Die Bezeichnung (Signatur) einer Sendung muß entwe=
der aus der vollständigen Adresse oder aus mehreren großen les=
baren Buchstaben oder Zeichen, darf aber niemals aus Num=
mern allein bestehen; dieselbe muß den Bestimmungsort über=

einstimmend mit der Bezeichnung auf dem Begleitbriefe ent=
halten.

Bei nach= oder zurückzusendenden Postsendungen muß die
Bezeichnung des Bestimmungsortes von der Postanstalt kosten=
frei entsprechend abgeändert werden.

Die Signatur muß dauerhaft und haltbar und darf den
Sendungen von declarirtem Werthe nicht aufgeklebt sein. Ins=
besondere empfiehlt es sich, bei Geldsäcken und Geldbeuteln die
Signatur, falls dieselbe nicht unmittelbar auf der Verpackung
angebracht ist, auf s. g. Fahnen von Pappe oder steifem Papier
welche an den Kropf gehörig befestigt sind, herzustellen.

§. 8.
Declaration.

Die Declaration des Werthes einer Sendung muß, bei
Briefen auf der Adresse des Briefes, und bei anderen Sendun=
gen sowohl auf der Adresse des Begleitbriefes, als auf der Sen=
dung bei der Signatur, angegeben werden.

Die Declaration des Werthes einer Sendung hat in jedem
einzelnen Vereinsbezirke nach der in demselben bestehenden Sil=
berwährung zu erfolgen.

Besteht eine Geldsendung aus fremden Geldsorten oder
aus Goldmünzen, so hat der Aufgeber (und aushilfsweise der
annehmende Postbeamte) die Reduction vorzunehmen und den
Werth der Sendung auf der Adresse in Silber=Courant auszu=
drücken. Bei Werthsendungen aus Ländern außerhalb des Post=
vereins erfolgt die Reduction in die landesübliche Silberwäh=
rung durch die Eingangs=Grenz=Postanstalt.

Jeder auf der Adresse einer Sendung in was immer für
einer Form angegebene Geldbetrag gilt in Absicht auf die Por=
toerhebung als Werthsdeclaration des Inhalts, also auch die
Bezeichnung: Urkunde, Wechsel, Quittung ꝛc. über 1000 fl.

§. 9.
Verpackung.

Die Verpackung der Sendungen muß nach Maßgabe der
Länge der Transportstrecke, des Umfanges der Sendung und
der Beschaffenheit des Inhaltes haltbar und sicherer eingerichtet
sein.

Bei Gegenständen von geringerem Werthe, welche nicht
unter Druck leiden, und nicht Fett oder Feuchtigkeit absetzen,

ferner bei Schriften= oder Acten=Sendungen, genügt im Allge=
meinen bei einem Gewichte bis zu ungefähr sechs Pfund, wenn
die Dauer des Transportes verhältnißmäßig kurz ist, eine Em=
ballage von haltbarem Packpapier mit angemessener Verschnürung.

Auf größere Entfernungen zu versendende Gegenstände,
sowie alle schwerere Fahrpost=Gegenstände, müssen, insofern nicht
der Inhalt und Umfang eine andere festere Verpackung erfor=
dert, mindestens in mehrfache Umschläge von starkem Packpapier
verpackt sein.

Sendungen von bedeutenderem Werthe, insbesondere solche,
welche durch Nässe, Reibung oder Druck leicht Schaden leiden,
z. B. Spitzen, Seidenwaaren u. s. w. müssen nach Maßgabe
ihres Werthes, Umfanges und Gewichtes in genügend sicherer
Weise in Wachsleinwand, Pappe (Pappdeckel), in gut beschaf=
fenen und nach Umständen emballirten Kisten u. s. w. verpackt
sein.

Sendungen mit einem Inhalte, welcher anderen Postsen=
dungen schädlich werden könnte, müssen so verpackt sein, daß
eine solche Beschädigung ferngehalten wird. Mit Flüssigkeiten
angefüllte kleinere Gefäße (Flaschen, Krüge u. s. w.) sind noch
besonders in starken Kisten, Kübeln oder Körben zu verwahren.
Fässer, in denen Flüssigkeiten zur Versendung kommen, müssen
stark bereift und die Reifen gehörig befestiget sein.

Sendungen mit frischen Weintrauben dürfen, außer in
einer festeren Verpackung, namentlich in Kisten, Schachteln u. s. w.
auch in Körben aus geflochtenen Weiden, welche mit einem
Deckel von gleichem Stoffe geschlossen sind, verpackt werden,
insofern nicht mit Rücksicht auf die Beschaffenheit der Trauben
bereits bei der Aufgabe, oder auf die bedeutende Entfernung
des Bestimmungsorts, das Absetzen von Feuchtigkeit in größerem
Maße zu besorgen ist.

Sendungen von Blutegeln müssen so beschaffen sein, daß
von dem Inhalte des Gefäßes nichts herausbringen kann.

Wild, welches nicht mehr blutet, darf unverpackt versendet
werden.

Wenn in Folge fehlerhafter Verpackung einer Sendung
während ihres Transports eine neue Verpackung nöthig wird,
so werden die Kosten der letzteren von dem Adressaten einge=
zogen.

§. 10.
Verſchluß.

Der Verſchluß einer jeden Poſtſendung muß haltbar und ſo eingerichtet ſein, daß ohne Beſchädigung oder Eröffnung deſſelben dem Inhalte nicht beizukommen iſt. (Wegen der Sen= dungen unter Band, ſowie der Muſter=Sendungen, vergleiche §§. 14 und 15).

Bei Briefen nach Gegenden unter heißen Himmelsſtrichen darf zum Verſchluß Siegellack, oder ein anderes, durch Wärme ſich auflöſendes Material nicht benutzt werden.

Der Verſchluß einer jeden Fahrpoſt=Sendung, mit Aus= nahme der undeclarirten in Brief= oder ähnlicher Form bis zum Gewichte von ½ ℔ einſchließlich, ſowie mit Ausnahme der Vorſchuß= und Einzahlungs=Briefe, muß in Befeſtigung der Schlüſſe durch Siegellack mit Abdruck eines ordentlichen Pet= ſchaftes beſtehen.

Wird eine Verſchnürung angebracht, ſo muß dieſelbe ſo beſchaffen und feſtgeſiegelt ſein, daß ſie ohne Verletzung des Siegelverſchluſſes nicht abgeſtreift oder geöffnet werden kann.

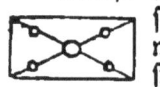 Briefe mit declarirtem Werthe (wegen der Geldſendungen ſiehe §. 11) müſſen mit einem Kreuz=Couvert und mit fünf gleichen Siegeln nach Maßgabe der neben= ſtehenden Zeichnung verſchloſſen werden.

§. 11.
Verpackung und Verſchluß der Geldſendungen insbeſondere.

Briefe mit Geld oder Geldeswerth (Gold, Silber, Papier= geld, Werthpapiere u. ſ. w.) müſſen mit einem haltbaren Kreuz= Couvert verſehen und mit fünf gleichen Siegeln gut verſchloſſen ſein (ſiehe §. 10, letzter Abſatz).

Geldſtücke, welche in Briefen verſandt werden, müſſen in Papier oder dergleichen eingeſchlagen und innerhalb des Briefes ſo befeſtigt ſein, daß eine Veränderung ihrer Lage während des Transportes nicht Statt finden kann.

Briefe mit baarem Gelde dürfen das Gewicht von 8 Loth, Briefe mit Papiergeld das Gewicht von ½ ℔ nicht überſteigen.

Schwerere Geldſendungen ſind in Packete, Beutel, Kiſten oder Fäſſer feſt zu verpacken.

Sendungen bis zum Gewichte von 3 ℔, ſofern der Werth bei Papiergeld nicht 3000 Thaler oder 5000 fl. und bei baarem

Selbe nicht 300 Thaler oder 500 fl. übersteigt, dürfen in Packe=
ten von starkem, mehrfach umschlagenen und gut verschnürten
Papier versendet werden.

Bei schwererem Gewichte und bei größeren Summen muß
die äußere Verpackung in haltbarem Leinen, Wachsleinwand
oder Leder bestehen, gut umschnürt und vernäht und die aus=
wendige Naht versiegelt sein.

Geldbeutel (Säcke), welche keine weitere Verpackung erhal=
ten, müssen von wenigstens doppelter Leinwand, die Naht darf
nicht auswendig und der Kropf nicht zu kurz sein. Da, wo
der Knoten geschürzt ist, und außerdem über beiden Schnur=
enden muß das Siegel deutlich aufgedrückt sein. Die Schnur,
welche den Kropf umgiebt, muß durch den Kropf selbst hindurch
gezogen werden. Dergleichen Sendungen sollen nicht über 50 A
schwer sein.

Die Geldkisten müssen von starkem Holz angefertigt, gut
gefügt und fest vernagelt sein, oder gute Schlösser haben; sie
dürfen nicht mit überstehenden Deckeln versehen, und Eisenbe=
schläge müssen fest und dergestalt eingelassen sein, daß sie andere
Gegenstände nicht zerscheuern können. Ueber 50 A schwere
Kisten müssen gut bereift und mit Handhaben (Handschlingen)
versehen sein.

Die Geldfässer müssen gut bereift, die Schlußreifen ange=
nagelt und an beiden Böden dergestalt verschnürt und versiegelt
sein, daß ein Oeffnen des Fasses ohne Verletzung der Umschnü=
rung oder des Siegels nicht möglich ist.

Bei Packeten mit baarem Gelde in größeren Beträgen muß
der Inhalt gerollt sein Gelder in Fässern oder Kisten müssen
in Beuteln oder Packeten verpackt sein.

§. 12.
Von der Postbeförderung ausgeschlossene Gegenstände.

Zur Versendung mit der Post dürfen nicht aufgegeben wer=
den Gegenstände, deren Beförderung mit Gefahr verbunden ist,
namentlich alle durch Reibung, Luftzudrang oder Druck und
sonst leicht entzündliche Sachen, sowie ätzende Flüssigkeiten.
Dahin gehören z. B. Schießpulver, Feuerwerks=Gegenstände,
Reib= oder Streichzünder, Schießbaumwolle, Phosphor, Knall=
silber, Aether oder Naphta, Photogen, Mineralsäuren u. s. w.
Ebenso bleibt flüssige Hefe und Most von der Versendung mit
der Post ausgeschlossen.

Diejenigen, welche derartige Sachen unter unrichtiger Decla=
ration oder mit Verschweigung des Inhaltes der Sendung zur
Post aufgeben, haben, vorbehältlich der Bestrafung nach den
Landesgesetzen, für jeden daraus entstehenden Schaden zu haften.

§. 13.
Zur Postbeförderung bedingt zugelassene Gegenstände.

Flüssigkeiten, desgleichen Sachen, die dem schnellen Verder=
ben und der Fäulniß ausgesetzt sind, unförmlich große Gegen=
stände, sowie Bäume, Sträucher und dergleichen, ferner lebende
Thiere, können von den Postanstalten zurückgewiesen werden.

Für dergleichen Gegenstände, wenn dieselben dennoch zur
Beförderung angenommen werden, sowie für leicht zerbrechliche
Gegenstände und für in Schachteln verpackte Sachen, leistet die
Postverwaltung keinen Ersatz, wenn durch die Natur des In=
halts der Sendung oder durch die Beschaffenheit der Verpackung
auf dem Transporte eine Beschädigung oder ein Verlust ent=
standen ist.

Wenn Flüssigkeiten als solche nicht declarirt sind, so hat
der Absender den Schaden zu ersetzen, welcher in Folge der Be=
förderung derartiger Sendungen anderen Postgütern verursacht
wird.

Zündhütchen müssen in Kistchen fest und gut von außen
und innen verpackt und als solche sowohl auf der Adresse als
auf der Sendung selbst declarirt werden. Der Aufgeber ist,
wenn er diese Bedingungen nicht eingehalten hat, für den aus
allenfälliger Explosion entstehenden Schaden haftbar.

Das Gewicht einer Fahrpost=Sendung soll im Allgemeinen
100 ℔ nicht erheblich übersteigen. Den einzelnen Postverwal=
tungen bleibt unbenommen, sich wegen Annahme eines höheren
Maximalgewichtes für den gegenseitigen Verkehr zu verständigen.

§. 14.
Sendungen unter Band.

Gegen die für Sendungen unter Band festgesetzte ermäßigte
Taxe können befördert werden: alle gedruckte, lithographirte,
metallographirte, oder sonst auf mechanischem Wege hergestellte,
zur Beförderung mit der Briefpost geeignete Gegenstände. Aus=
genommen hiervon sind die mittelst der Copirmaschine oder mit=
telst Durchdrucks hergestellten Schriftstücke, sowie gebundene
Bücher. Die Sendungen müssen offen unter schmalem Streif=

ober Kreuzband eingeliefert werden. Das Band muß bergestalt angelegt sein, daß dasselbe abgestreift und die Beschränkung des Inhalts der Sendung auf Gegenstände, deren Versendung unter Band gestattet ist, erkannt werden kann.

Die Sendungen müssen frankirt sein, und dürfen das Gewicht von einem halben Pfund einschließlich nicht übersteigen.

Die Adresse muß auf dem Streif= oder Kreuzbande und darf nicht auf der Sendung selbst angebracht sein.

Mehrere Gegenstände dürfen unter Einem Bande versendet werden, sofern sie von demselben Absender herrühren und überhaupt zur Versendung unter Band geeignet sind; die einzelnen Gegenstände dürfen aber alsdann nicht mit verschiedenen Adressen oder besonderen Adreßumschlägen versehen sein.

Die Versendung der bezeichneten Gegenstände unter Band gegen die ermäßigte Taxe ist unzulässig, wenn dieselben nach ihrer Fertigung durch Druck u. s. w. außer der Adresse irgend welche Zusätze oder Aenderungen am Inhalte erhalten haben. Es macht dabei keinen Unterschied, ob die Zusätze oder Aenderungen geschrieben oder auf andere Weise bewirkt sind, z. B. durch Stempel, durch Druck, durch Ueberkleben von Worten, Ziffern oder Zeichen, durch Punktiren, Unterstreichen, Durchstreichen, Ausradiren, Durchstechen, Ab= oder Ausschneiden einzelner Worte, Ziffern oder Zeichen u. s. w.

Unter die verbotenen Zusätze ist das **Coloriren** von Mode=bildern, Landkarten nicht zu rechnen; die Bilder und Karten dürfen aber selbstverständlich keine Handzeichnungen, sondern müssen durch Holzschnitt, Lithographie, Stahlstich, Kupfer=stich u. s. w. hergestellt sein.

Auf der inneren oder äußeren Seite des Bandes dürfen Zusätze irgend welcher Art, welche keinen Bestandtheil der Adresse bilden, sich nicht befinden, mit Ausnahme des Namens oder der Firma des Absenders. Den Preiscouranten, Circularen und Empfehlungsschreiben kann noch eine innere, mit der äußeren übereinstimmende Adresse, sowie Ort, Datum und Namensunter=schrift hinzugefügt werden. Circulare von Handlungshäusern dürfen mit der handschriftlichen Unterzeichnung der Firma von mehreren Theilnehmern der Handlung versehen sein. Den Cor=recturbogen können Aenderungen und Zusätze, welche die Cor=rectur, die Ausstattung und den Druck betreffen, hinzugefügt werden. Das Manuscript darf dagegen den Correcturbogen nicht beigefügt werden.

Senbungen, welche sich zur Beförderung unter Band gegen die ermäßigte Taxe nicht eignen, können vor der Absendung dem Aufgeber zurückgestellt werden. Werden dergleichen Senbungen abgesandt, so ist das gewöhnliche Briefporto nebst dem Zuschlage, ohne Berücksichtigung der verwendeten Kreuzbandmarken, zu erheben.

§. 15.
Waarenproben und Musterfenbungen.

Waarenproben und Muster müssen, wenn auf die dafür zugestandene Porto-Ermäßigung Anspruch gemacht wird, dergestalt verpackt sein, daß die Beschränkung des Inhaltes auf diese Gegenstände leicht ersichtlich ist.

Diesen Senbungen darf, wenn die ermäßigte Taxe eintreten soll, nur ein einfacher Brief beigefügt oder angehängt sein, welcher bei der Austaxirung mit der Waarenprobe oder dem Muster zusammen zu wiegen ist.

Ist der Brief schwerer, oder sind die Waarenproben oder Muster in den Brief gelegt, so wird die Senbung, d. h. Brief und Probe zusammen, als gewöhnlicher Brief taxirt.

§. 16.
Recommanbirte Briefe.

Briefpostsenbungen, welche unter Recommanbation abgesandt werden sollen, müssen von dem Absender mit einer dieses Verlangen ausdrückenden Bezeichnung (recommanbirt, chargé, empfohlen) versehen werden.

Keine Verwaltung ist verpflichtet, Briefe, die mit dem Recommanbationszeichen versehen im Briefkasten vorgefunden werden, als recommanbirt behandeln zu lassen, es sei denn, daß dieselben vollständig, einschließlich der Recommanbationsgebühr, mit Marken frankirt sind.

§. 17.
Retour-Recepisse.

Wünscht der Absender einer recommanbirten Briefpost-Senbung oder einer Fahrpost-Senbung eine von dem Abressaten auszustellende Empfangsbescheinigung (Rückschein, Retour-Recepisse) zu erhalten, so muß ein solches Verlangen durch die Bemerkung: »gegen Rückschein« (»Retour-Recepisse«) auf der Abresse ausgedrückt sein.

Die Weigerung des Adressaten, den Rückschein zu unterfertigen, gilt als Verweigerung der Annahme der Sendung selbst.

§. 18.
Durch Expressen zu bestellende Briefe.

Briefe, welche sogleich nach der Ankunft den Adressaten besonders zugestellt werden sollen, müssen auf der Adresse wörtlich den Vermerk: »durch Expressen zu bestellen« enthalten.

§. 19.
Nachnahmesendungen.

Briefe und sonstige Sendungen, auf welchen eine Nachnahme haftet (Vorschußsendungen, Postvorschüsse), müssen auf auf der Adresse den Vorschußbetrag mit den Worten:

»Vorschuß oder Nachnahme von . . . . .«
und die Thaler- oder Guldensumme in Zahlen und in Buchstaben ausgedrückt enthalten.

§. 20.
Baare Einzahlungen.

Den Beträgen, welche zur Wiederauszahlung an einen bestimmten Empfänger eingezahlt werden (baare Einzahlungen) muß ein einfacher gewöhnlicher Brief oder ein leeres Couvert beigegeben werden.

Baare Einzahlungen auf Sendungen unter Band-Sendungen mit Waarenproben, auf recommandirte Briefe, auf Briefe mit declarirtem Werthe und auf Begleitbriefe zu Packeten mit und ohne Werthsdeclaration zu leisten, ist unzulässig.

Auf der Adresse des Briefes oder Couverts muß der Empfänger genau bezeichnet, und der Betrag der baaren Einzahlung mit den Worten:

»Hierauf eingezahlt . . . . . .«
vermerkt, die Thaler- oder Guldensumme auch in Zahlen und in Buchstaben ausgedrückt sein.

§. 21.
Frankirungs-Vermerk. Nicht oder ungenügend mit Marken frankirte Briefe nach Ländern wohin Frankirungszwang besteht.

Briefe u. s. w., auf deren Adresse der Frankirungs-Vermerk (frei, franco, fr. ec.) durchstrichen, radirt oder abgeändert ist, sind bei der Annahme zurückzuweisen; werden Briefe mit einem solchen oder mit einem nicht durchstrichenen u. s. w. Frankirungs-Vermerke im Briefkasten vorgefunden, ohne daß das Porto dafür durch Freimarken oder gestempelte Briefcouverts entrichtet worden ist, so wird die Ungültigkeit des Frankirungs-Vermerks amtlich attestirt.

Wenn Briefe nach Ländern, wohin Frankirungszwang besteht, von den Absendern nicht oder ungenügend frankirt in den Briefkasten gelegt worden sind, so werden dieselben nicht abgesandt, sondern am Aufgabeort zurückbehalten und dem zu ermittelnden Absender behufs der Frankirung zurückgegeben.

§. 22.
Spedikonswege für Fahrpostsendungen.

Dem Aufgeber einer Fahrpostsendung soll in besonderen Fällen, wenn durch die Versendung auf einem anderen als dem gewöhnlichen Wege ein Vortheil erreicht werden kann, freistehen, den Spedikonsweg selbst zu bestimmen.

§. 23.
Zurückforderung von Postsendungen durch den Aufgeber.

Die zur Post eingelieferten Sendungen können von dem Absender vor deren Zustellung an den Adressaten zurückgenommen werden.

Die Zurücknahme kann erfolgen am Orte der Aufgabe oder am Bestimmungsorte, ausnahmsweise auch, insofern dadurch keine Störung des Expeditionsdienstes herbeigeführt wird, an einem unterwegs gelegenen Umspedikonsorte. In welcher Weise sich Derjenige, welcher eine Sendung zurückfordert, bei der absendenden Postanstalt über seine Berechtigung dazu und über seine Persönlichkeit auszuweisen hat, bestimmen die für jeden Postbezirk dieserhalb bestehenden Vorschriften.

Ist die Sendung bereits abgegangen, so hat Derjenige, welcher dieselbe zurückfordert, den Gegenstand bei der Postanstalt des Abgangsortes schriftlich so genau zu bezeichnen, daß derselbe unzweifelhaft als der reclamirte zu erkennen ist. Die gedachte Postanstalt fertigt das Reclamationsschreiben aus, welchem die Postanstalten des betreffenden Courses Folge zu leisten haben.

Soll die Zurückforderung auf telegraphischem Wege geschehen, so darf eine dießfallsige Depesche nicht abgesandt, oder derselben Folge gegeben werden, wenn nicht die Postanstalt des Aufgabeortes amtlich bescheinigt hat, daß der Absender sich als zur Zurückforderung berechtigt bei derselben legitimirt habe; daß dieß geschehen, muß in der Depesche bemerkt sein.

Ist die Sendung noch nicht abgegangen, so wird das baar erlegte Franco, nicht aber das durch Marken entrichtete Franco zurückgegeben.

Ist die Sendung bereits abgesandt, so hat der Absender das Porto wie für eine gewöhnliche Retour=Sendung zu entrichten, und zwar bei Fahrpostsendungen bis zu und von dem Orte, von dem der Gegenstand zurückgesandt wird.

§. 24.
Aushändigung von Postsendungen an den Abressaten an Umspeditionsorten.

Auf Verlangen eines gehörig legitimirten Adressaten kann, sofern im einzelnen Falle keine dem Beamten bekannten Bedenken entgegenstehen, die Aushändigung einer Sendung an den Ersteren auch an einem Umspeditionsorte stattfinden, wenn dadurch keine Störung des Expeditionsdienstes herbeigeführt wird.

Ist die Sendung bei der Aufgabe frankirt, oder das Porto in einer Vereinskarte bereits berechnet, so hat es hierbei zu bewenden, im entgegengesetzten Falle wird das Porto nach Maßgabe der wirklich stattgehabten Beförderung berechnet.

§. 25.
Unbestellbare Postsendungen.

Briefe und andere Sendungen sind für unbestellbar zu erachten.

1) wenn der Adressat am Bestimmungsorte nicht zu ermitteln und die Nachsendung (cf. §. 26) nicht möglich oder nicht zulässig ist;
2) wenn die Sendung mit dem Vermerke „poste restante" versehen ist und nicht binnen 3 Monaten, vom Tage des Einlangens an gerechnet, von der Post abgeholt wird;
3) wenn eine Sendung mit Postvorschuß, auch wenn sie mit poste restante bezeichnet ist, innerhalb 14 Tagen nicht eingelöst worden ist;
4) wenn die Annahme verweigert wird.

Bevor in dem Falle ad 1 eine Sendung mit oder ohne Werthsdeclaration deshalb als unbestellbar angesehen wird, weil mehrere dem Adressaten gleichbenannte Personen im Orte sich befinden und der wirkliche Empfänger nicht sicher zu unterscheiden ist, muß der Begleitbrief nach dem Aufgabeorte zurückgesandt werden, um den Absender, wenn derselbe an der äußeren Beschaffenheit des Begleitbriefes erkannt oder sonst auf geeignete Weise ermittelt werden kann, zur näheren Bezeichnung des Adressaten zu veranlassen. Die Uebersendung des Begleitbriefes geschieht zwischen den Postanstalten unter Couvert und als Postsache.

Alle anderen Postsendungen sind, wenn sie als offenbar unbestellbar erkannt worden, ohne Verzug nach dem Aufgabeorte zurückzusenden. Nur bei Sendungen, die einem schnellen Verderben unterliegen, muß, sofern nach dem Ermessen der Abgabepostanstalt Grund zu der Besorgniß vorhanden ist, daß das Verderben auf dem Rückwege eintreten werde, von der Rücksendung abgesehen werden, und die Veräußerung des Inhalts für Rechnung des Aufgebers erfolgen.

In allen vorgedachten Fällen ist der Grund der Zurücksendung, oder eintretenden Falls, daß und weshalb die Veräußerung erfolgt sei, auf dem Begleitbriefe zu vermerken.

Die zurückzusendenden Gegenstände dürfen nicht eröffnet, müssen vielmehr noch mit dem vom Aufgeber aufgedrückten Siegel verschlossen sein. Eine Ausnahme hiervon tritt nur ein bezüglich der Briefe, welche von einer Person gleichlautenden Namens irrthümlich geöffnet wurden, und bezüglich der Briefe, welche Loose oder Offerten zu verbotenen Glücksspielen enthalten, die von den Adressaten nach den für sie geltenden Landesgesetzen nicht benützt werden dürfen. Bei irrthümlicher Eröffnung von Briefen durch Personen gleichlautenden Namens ist übrigens, sofern dieß möglich ist, eine von den letzteren selbst unter Namensunterschrift auf die Rückseite des Briefes niederzuschreibende bezügliche Bemerkung beizubringen.

§. 26.
Nachsendung der Postsendungen.

Hat der Adressat seinen Aufenthalts- oder Wohnort verändert, und ist sein neuer Aufenthalts- oder Wohnort bekannt, so werden ihm Briefpost-Gegenstände nachgesendet, wenn er nicht eine andere Bestimmung ausdrücklich getroffen hat.

Bei Fahrpostsendungen, mit Einschluß der Vorschußbriefe und der Briefe, worauf Baarzahlungen stattgefunden haben, erfolgt die Nachsendung nur auf ausdrückliches Verlangen des

Abſenders ober, bei vorhanbener Sicherheit für Porto unb Aus=
lagen, auch beß Abreſſaten. Letzterer iſt in ſolchem Falle von
Vorliegen einer Senbung amtlich unb portofrei in Kenntniß
zu ſetzen.

§. 27.
Mit fremben Freimarken verſehene Briefe.

Wenn in einem Vereinsgebiete Briefe mit Francomarken
ober geſtempelten Couverts eines anberen Gebietes zur Poſt
kommen, ſo ſinb ſolche Briefe wie unfrankirte Briefe zu be=
hanbeln, unb bie fremben Marken als ungültig zu bezeichnen.

Sinb aber bergleichen Briefe nach bemjenigen Vereinsge=
biete beſtimmt, welchem bie Marken ober bie geſtempelten Cou=
verts angehören, ſo zieht bie empfangenbe Poſtanſtalt von bem
Abreſſaten nur baß, nach Abzug beß Werthes ber Marken ober
beß Couverts verbleibenbe Porto ein, ober vergütet auf ſonſtige
Weiſe bem Abreſſaten ben Werth ber unrichtig verwenbeten
Marken.

§. 28.
Briefe, welche an Poſtanſtalten couvertirt ſinb.

Wenn zwei ober mehrere Briefe ober Kreuzbanbſenbungen
unter Couvert an Poſtanſtalten zur Diſtribution ober Weiter=
beförberung geſchickt werben, ſo ſinb ſolche Briefe nicht zurück=
zuſenben, ſonbern, unb zwar ohne Rückſicht barauf, ob bie
ganze Senbung frankirt geweſen ober nicht, einzeln mit bem
vollen Briefporto zu belegen, ſoweit ſie nicht bereits mit Mar=
ken ober Couverts vorſchriftsmäßig frankirt ſinb. Für bie von
ben Abreſſaten nicht angenommenen Briefe ꝛc. hat ber Aufgeber
baß angeſetzte Porto zu entrichten.

§. 29.
Einziehung ber Beſtellgebühr vom Abſenber.

Von ben Abreſſaten nicht berechtigte Beſtellgebühr barf an
ben Aufgeber ber Poſtſenbung nicht zurückgerechnet werben.

Nach erfolgter Verſtänbigung zwiſchen ben betheiligten Poſt=
verwaltungen ſoll jeboch geſtattet ſein, für Briefe von Privaten
an Behörben bie Beſtellgebühr vom Aufgeber einzuheben, unb
als Weiterfranco an bie bezugsberechtigte Poſtanſtalt zu vergüten.

§. 30.

Gebührenfreie Anrechnung von Postgefällen.

Für die Anrechnung von Postgefällen irgend welcher Art, welche von dem Absender nicht voraus entrichtet worden sind, darf der Ansatz und die Einziehung einer Procuragebühr auch in dem Falle nicht erfolgen, wenn vorschriftsmäßig die betreffenden Gefälle bei der Auflieferung der Sendung zur Post hätten vorausbezahlt werden müssen.

§. 31.

Lagergeld.

Die Postverwaltungen derjenigen Vereinsbezirke, in denen gesetzlich die Erhebung von Lagergeld für solche Fahrpost-Gegenstände vorgeschrieben ist, welche längere Zeit bei der Postanstalt aufbewahrt werden müssen, dürfen für unbestellbare, nach dem Abgangsorte zurückzusendende Fahrpostsendungen dieses Lagergeld nicht in Anrechnung bringen.

Braunschweig, den 31. December 1860.

Herzogl. Braunschw. Lüneb. Eisenbahn- und Post-Direction.

von Amsberg.   Ribbentrop.